Rudolf Fitzner

Der Kagera-Nil

Ein Beitrag zur Physiographie Deutsch-Ostafrikas

Rudolf Fitzner

Der Kagera-Nil
Ein Beitrag zur Physiographie Deutsch-Ostafrikas

ISBN/EAN: 9783743629653

Hergestellt in Europa, USA, Kanada, Australien, Japan

Cover: Foto ©Andreas Hilbeck / pixelio.de

Weitere Bücher finden Sie auf **www.hansebooks.com**

Der Kagera-Nil

Ein Beitrag zur Physiographie Deutsch-Ostafrikas.

———⟫⟪———

Inaugural - Dissertation

zur

Erlangung der philosophischen Doktorwürde,

welche mit Genehmigung

der hohen philosophischen Fakultät

der Königlich Preussischen vereinigten Friedrichs-Universität

Halle - Wittenberg

am 29. April 1899

mittags 12 Uhr

zugleich mit den angehängten Thesen öffentlich verteidigen wird

Rudolf Fitzner

aus Cüstrin.

———

Opponenten:

Herr Dr. phil. **H. Hertzberg.**
Herr cand. phil. **E. Wächter.**

——————•——————

Halle 1899.

Der Kagera-Nil

Ein Beitrag zur Physiographie Deutsch-Ostafrikas.

-»•‹

Inaugural-Dissertation

zur

Erlangung der philosophischen Doktorwürde,

welche mit Genehmigung

der hohen philosophischen Fakultät

der Königlich Preussischen vereinigten Friedrichs-Universität

Halle-Wittenberg

am 29. April 1899

mittags 12 Uhr

zugleich mit den angehängten Thesen öffentlich verteidigen wird

Rudolf Fitzner

aus Cüstrin.

Opponenten:

Herr Dr. phil. **H. Hertzberg.**

Herr cand. phil. **E. Wächter.**

———— • ————

Halle 1899.

Inhalt.

Einleitung.

Die Nilquellenfrage, das caput Nili quaerere, ist eines der ältesten und interessantesten geographischen Probleme, das in seinem vollen Umfange selbst in der Gegenwart noch nicht als gelöst bezeichnet werden kann.

Der Nil mit seiner alljährlichen befruchtenden Hochwasserflut bildet die erste und vornehmste Daseinsbedingung Ägyptens, seiner Kultur, seines wirtschaftlichen und geistigen Lebens, er greift so tief in alle Zweige der menschlichen Thätigkeit ein, dass von dem Augenblicke an, in dem ein höher entwickeltes, regsames Volk den fruchtbaren Nilschlamm in schmaler Thalfurche zu bebauen begann, sich unabwendbar die volle Aufmerksamkeit, Anteilnahme und selbst religiöse Verehrung seiner Anwohner ihm zuwenden musste.

Die Voraussetzung, dass sich ägyptische Gelehrte und Priester schon in weit zurückliegender Zeit mit der Frage nach dem Ursprung des Ernährers und Befruchters ihres Landes rege beschäftigt haben, ist zu natürlich, als dass sie eines besonderen Beweises bedürfte. Leider fehlen uns aber bestimmtere Anhaltspunkte dafür, wie weit die thatsächliche Kenntnis der Ägypter stromaufwärts gereicht habe. Eratosthenes giebt uns die erste Kunde von dem Vorhandensein von Quellseeen,[1] und auch das 350 Jahre jüngere ptolemäische Kartenbild schliesst sich dieser Auffassung an und lässt den Nil aus zwei grossen Seen am Nordfusse der schneebedeckten Mondberge in zwei Hauptarmen

---

[1] Strabo, XVII, 1.

1

entstehen. Diese Darstellung hat das ganze Altertum und Mittelalter hindurch bis zum Beginn des XVIII. Jahrhunderts die Anschauungen beherrscht und ist — wie die Forschungen der Gegenwart erwiesen haben — von der Wirklichkeit nicht allzuweit entfernt geblieben.

Es kann hier nicht meine Aufgabe sein, eine eingehende Darstellung der historischen Entwickelung der Nilquellenfrage zu geben, die in einer umfangreichen Litteratur bereits in erschöpfender Weise behandelt worden ist, sondern ich will mich darauf beschränken, den Hauptquellfluss des Weissen Nil und Hauptzufluss des Viktoria-Nyansa, den K a g e r a - N i l, zum Gegenstand meiner Untersuchung zu machen.

I. Erforschungsgeschichte.

Schon während seiner ersten grossen, in Gemeinschaft mit Burton ausgeführten Forschungsreise in Zentralafrika hatte Speke nach der Entdeckung des Viktoria-Nyansa im Jahre 1858 den Kagera (von ihm Kitangule genannt) als den weitaus bedeutendsten Zufluss an der Westküste des Sees aus den Berichten der Eingeborenen kennen gelernt. Seine zweite Reise mit Grant führte ihn dann 1861 durch die vom Kagera umflossene Landschaft Karagwe und bot ihm Gelegenheit, den Fluss in seinem Mittellaufe unweit der Residenz des Sultans Rumanika, wo er den herrlichen Windermere-See entdeckte, und dann in seinem Unterlaufe bei Ndongo, wo er wie auch nach ihm Grant auf dem Wege nach Uganda den Kitangule (Kagera) überschritt, zu erkunden.[2]

In entgegengesetzter Richtung ging an der gleichen Stelle im Februar 1876 Stanley über den Fluss, den er dann im weiteren Verlauf seiner Reise vom Windermere-See an aufwärts bis zur Landschaft Uhimba erforschte und eine Reihe kleiner Seeen entdeckte. Die Quelle des Kagera aufzufinden, war Stanley jedoch nicht beschieden; er musste sich mit der Angabe der Eingeborenen, dass der Fluss aus dem Akanyaru-Nyansa, dem er den Namen Alexandra-See gab, komme, begnügen.[3]

---

[2] Speke, Journal of the discovery of the source of the Nile. London 1863; Grant, A walk across Africa. London. 1864.

[3] Stanley, Durch den dunklen Weltteil, 2 Bände. Leipzig 1878.

1*

Noch einmal kreuzte dann Stanley 13 Jahre später Ende Juli 1889 in Begleitung Emin Paschas auf dem denkwürdigen Marsch zur Küste den Flusslauf an der Nssungessi-Fähre und berührte Kafuro und den von Speke entdeckten Urigi-See.[4])

W.ertvolle Beiträge zu unserer Kenntnis des Flusssystems brachte sodann die Expedition von Emin Pascha und Dr. Franz Stuhlmann, die am 1. Februar 1891 die Station Bukoba am Viktoria-Nyansa verliess, auf dem Marsche durch Karagwe die hydrographischen Verhältnisse dieses Gebietes klärte, den Ikimba-See entdeckte und vom Ruanyana-See (Speke's Windermere) ab dem Lauf des Kagera in einigem Abstande folgte und ihn schliesslich am 2. April bei Kavingo überschritt, um den Marsch durch Mpororo zum Albert-Eduard-See und dem Runssoro fortzusetzen. Bei seiner Rückkehr zur Küste setzte Dr. Stuhlmann im Februar 1892 etwas oberhalb der grossen Krümmung bei Kayonsa wieder über den Fluss und zog quer durch Nord-Karagwe und Usiba zur Seeküste bei Bukoba.[5])

Bewegten sich die bisher genannten Reisenden im Gebiet des mittleren und unteren Flussabschnittes und legten den Flusslauf in grossen Linien fest, so warf die Expedition Dr. Oskar Baumanns endlich helleres Licht auf die bis dahin gänzlich unbekannten Verhältnisse im oberen Stromgebiet. Die Expedition durchzog im September 1892 die Landschaften Ussui und Urundi, überschritt den Ruvuvu in seinem Mittellauf, kreuzte zweimal den Akanyaru und entdeckte am Ostabhange des zentralafrikanischen Grabenrandes die Quellen des Ruvuvu, die Dr. Baumann als das wahre caput Nili ansprach.[6])

Ein kurzer Vorstoss zum Urigi-See, den Leutnant Herrmann

---

[4]) Stanley, Im dunkelsten Afrika. 2 Bände. Leipzig 1890.

[5]) Stuhlmann, Mit Emin Pascha ins Herz von Afrika. Berlin 1894; Georg Schweitzer, Emin Pascha. Berlin 1898.

[6]) Baumann, Durch Massailand zur Nilquelle. Berlin 1894. — Die kartographischen Ergebnisse der Massai-Expedition des deutschen Antisklaverei-Comités. Peterm. Geogr. Mitt. Erg. Heft No. 111. Gotha 1893.

Ende Oktober 1892 von Bukoba aus unternahm, ergab einige, die älteren Beobachtungen ergänzende Daten über das grosse, allmählich austrocknende Binnenbecken[7]), während eine fünftägige Bootsfahrt des Grafen v. S c h w e i n i t z den unteren, vielgewundenen Lauf des Kagera von Kituntu bis zu seiner Mündung festlegte.[8])

Zu wiederholten Malen und an räumlich weit von einander entfernten Punkten berührte im Jahre 1894 der englische Naturforscher S c o t t E l l i o t den Fluss und verfolgte auch streckenweis den Lauf desselben. Zuerst ging Elliot im März bei Musonje über den Kagera und folgte dessen Südufer bis Kitoboko, um sich von hier nach Nordwesten zum Albert-Eduard-Nyansa und dem Runssoro zu wenden. Bei seiner Rückkehr erreichte er im August den Fluss genau am grossen Knie bei Latoma und marschierte hierauf stromaufwärts, bis ihn die Sumpfniederung zum Ausweichen nach Osten zwang. Von Kafuro wandte sich Elliot dann zur Urigi-Senke und durchzog auf dem Marsche zum Tanganyika die wenig bekannten Landschaften Uhimba, Bugufi und Urundi, wobei er zweimal den Ruvuvu überschritt und in der Nähe seines Quellgebietes vorüberkam.[9])

Ein Streifzug nach Ruanda führte im gleichen Jahre den Kompagnieführer L a n g h e l d zweimal über den Fluss. Auf dem Ausmarsch Ende Juli 1894 wurde die bekannte Fährstelle bei Kitangule benutzt, bei der Rückkehr der Kagera im September in der Landschaft Iwanda erreicht und acht Tagemärsche weit stromab bis Kitangule verfolgt. Leider liegt über diese wichtige Wegstrecke nur ein summarischer Bericht vor.[10])

---

[7]) H e r r m a n n , Bericht über die Reise von Bukoba zum Urigi-See. D. Kol. Bl. 1893. IV. S. 196.

[8]) G r a f v. S c h w e i n i t z, Über eine Fahrt auf dem Kagera. D. Kol. Bl. 1893 IV. S. 154. — Deutsch-Ost-Afrika in Krieg u. Frieden. Berlin 1894.

[9]) S c o t t E l l i o t, A Naturalist in Mid-Africa. London 1896. — Expedition to Ruwenzori and Tanganyika. Geogr. Journ. 1895. VI. S. 301—324.

[10]) L a n g h e l d, Über einen Zug nach Ruhanda. D. K. Bl. 1895. VI. S. 71—74.

Inzwischen hatte im Mai 1894 die Expedition des Grafen
v. Götzen wenig unterhalb des Wasserfalls, mit dem der Kagera
nach Aufnahme des Ruvuvu aus enger Felsklamm heraustritt, den
Fluss überschritten, hatte den langgestreckten, anscheinend abfluss-
losen Mohasi-See in Ruanda entdeckt und auf dem Wege zum
Kivu-See und dem Virunga-Vulkan den Nyavarongo, den Graf
v. Götzen als den weitaus bedeutendsten Quellfluss des Kagera bezeichnet, an zwei Stellen südlich des grossen, von dieser Wasser-
ader gebildeten Bogens durchschnitten.[11])

Wichtige Ergebnisse für die Hydrographie des Zwischenseeengebietes förderte weiterhin die Expedition des Obersten v. Trotha,
die in der Zeit vom 19. August bis 8. Oktober 1896 das Land
von Bukoba bis zur Nordspitze des Tanganyika durchzog. Der
Weg führte vom Viktoria-Nyansa über Kitangule nach Mtagata,
folgte dann der grossen Strasse südwärts bis Weranyanye, ging
am rechten Kageraufer aufwärts bis zu dessen südlichem Knie
und lief dann diagonal in südwestlicher Richtung durch Urundi
mit einem Vorstoss nach Nordosten zur Einmündung des Akanyaru
in den Kagera, wobei die vom Akanyaru durchflossenen Uruguero-
Seeen entdeckt und die hydrographischen Verhältnisse im Gebiet
des oberen Ruvuvu wesentlich geklärt wurden.[12])

Gleichfalls im Zuflussgebiet des oberen Kagera bewegen sich
die im Februar und März 1897 ausgeführten Reisen des Kompag-
nieführers Ramsay, der vom Tanganyika kommend zunächst den
Ruvuvu bis zu seiner Vereinigung mit dem Kagera verfolgte,
diesen dann überschritt und auf dem linken Flussufer bis zur
Einmündung des Akanyaru aufwärts marschierte. Eine Suche
nach den Quellen des Nyavarongo und Akanyaru verlief in dem
stark zerschnittenen Gelände leider ergebnislos, doch wurde immer-

---

[11]) G r a f v. G ö t z e n, Durch Afrika von Ost nach West. Berlin 1895
— Bericht über seine Expedition. D. K. Bl. 1894. V. S. 575. — Über die
Reise des Lieutenants Graf v. Götzen durch Centralafrika 1893/94. D. K.
Bl. 1895. VI. S. 103—108.

[12]) v. T r o t h a, Meine Bereisung von Deutsch-Ostafrika. Berlin 1897.

hin festgestellt, dass beide nicht wie vermutet in der Nähe des Nyakisu-Gebirges, sondern am eigentlichen Randgebirge des zentralafrikanischen Grabens ihren Ursprung nehmen.[13]

Ein Blick auf die Ergebnisse der vorgenannten Expeditionen zeigt, dass der Kagera-Nil zwar an verschiedenen Punkten berührt wurde und dass auch kürzere Strecken seines Laufes, so besonders der unterste Abschnitt bis zur Mündung, genauer aufgenommen worden sind, dass aber dagegen noch weite Lücken klaffen und dass vor allem noch die eigentliche Nilquellenfrage im engeren Sinne ihrer endgültigen Lösung harrt. Eine Monographie des Kagera-Nil muss daher notgedrungen ein Bruchstück bleiben, vor allem wenn man in Betracht zieht, wie ungleichwertig die Beobachtungen an den verschiedenen Stellen sind. Immerhin mag eine eingehende Untersuchung der Gestaltung dieses Flusslaufes und seiner hydrographischen Merkmale eine Berechtigung finden einerseits in dem hohen wissenschaftlichen Interesse, das sich an das Nilquellenproblem knüpft, andererseits in der Bedeutung, die der Kagera-Nil wohl dereinst für die Erschliessung der fernsten Nordwestecke unseres deutschen Schutzgebietes in Ostafrika gewinnen wird.

---

[13] Ramsay, Uha, Urundi und Ruanda. Mitt. a. d. Dtsch. Schutzgeb. 1897. X. S. 177—181. — Seine Expeditionen nach Ruanda und dem Rikwa-See. Verhd. Ges. f. Erdk. Berlin 1898. XXV. S. 303—323.

II. Umgrenzung und Grösse des Stromgebietes.

Die Kammhöhe des meist aufgewulsteten [14]) östlichen Randes des grossen zentralafrikanischen Grabens bildet auf rund 400 km Luftlinie die westliche Begrenzung des Stromgebietes.[15]) Die Gewässer der östlichen Abdachung werden von den Quellbächen und Zuflüssen des Kagera-Systems aufgesammelt, während die Abrieselung des schrofferen Westabhanges mittelbar oder unmittelbar dem Tanganyika zugeführt wird.

Das Quellgebiet des Luvironza, des am weitesten südwärts greifenden rechten Zuflusses des Ruvuvu wird vom Stromsystem des Malagarasi durch eine vom Grabenrande ostwärts vorspringende, mässig hohe, aber steile und steinige Bergkette, die Kangosi-Berge (1970 m), geschieden.[16]) Das Gebiet zwischen dem Luvironza und dem Oberlauf des Malagarasi ist bisher nur wenig erforscht, doch wird man für den weiteren Verlauf der Wasserscheide eine nordöstliche Richtung annehmen dürfen.

Die Linie schneidet in der Landschaft Uyogoma die Baumannsche Route zwischen Kaponoras Dorf und Rusengo. Während das östlich davon liegende Gebiet, ein steriles Bergland mit unendlichen Hügelzügen, teils durch den Irusi zum Malagarasi, teils durch die Zuflüsse des Lohugati und Ruiga zum Viktoria-Nyansa

---

[14]) B a u m a n n, Durch Massailand S. 96, 153.
[15]) R a m s a y, Uha, Urundi u. Ruanda S. 180.
[16]) B a u m a n n, a. a. O. S. 98.

abwässert, ist das Gebiet im Westen von Rusengo, in dem der Plateaucharakter mit eingeschnittenen engen Thälchen schärfer ausgeprägt ist,[17]) dem Kagera-System tributär.

Von hier verläuft die Wasserscheide zuerst nördlich bis zu Massikos Dorf, dann nordwestlich bis Kakaruka (1330 m) in der Landschaft Uhimba, wendet sich sodann südöstlich, um den südlichen Schollenrand von Karagwe, der das linke Ufer des Ruiga-Flusses bildet, zu erreichen und von diesem bis zum Quellgebiet des Ngono oder Kinyawassi, der dem Kagera kurz vor seiner Einmündung in den See von rechts zuströmt, zu folgen. Hier tritt die Linie dicht an das Westufer des Viktoria-Sees heran, biegt nach Norden um und schmiegt sich dem Ostrande der am See aufsteigenden Usiba-Scholle an. In der Breite von Bukoba weicht die Grenze nordwestlich ab und erreicht dann die Kagera-Mündung unter 0⁰ 58' sdl. Br.[18])

Da der Ruisi nicht, wie vielfach angenommen wird, dem Kagera tributär ist, sondern selbständig in den Viktoria-Nyansa einmündet,[19]) so haben wir den weiteren Verlauf der Wasserscheide in ungefähr westlicher Richtung zu denken, in der Hauptsache bestimmt durch eine Reihe von Landschollen, die den Unterlauf und den unteren Abschnitt des Mittellaufes im Norden begleiten,[20]) und als deren Hauptmasse die Ruampara-Berge in Mpororo, die ein allmählich gen Norden ansteigendes Bergland bilden,[21]) anzusehen sind.

---

[17]) Baumann, a. a. O. S. 77.

[18]) Stuhlmann, Mitt. a. d. D. Sch. 1892 V. S. 120; Mit Emin Pascha S. 168.

[19]) Der Ruisi-Fluss entspringt am Grabenrande in der Landschaft Ankole, durchströmt das von Bergen umschlossene, tiefe, sumpfige Katara-Thal, bricht durch eine schmale Felsenge und tritt dann in die Ebene hinaus, wo er den breiten, nur schwierig zu überschreitenden Wamaganga-Sumpf bildet. Von diesem Punkt fliesst er zum Viktoria-Nyansa ab, indem er sich auf seinem Wege zu 4 oder 5 breiten Seeen weitet. Scott Elliot, A Naturalist in Mid-Africa S. 77.

[20]) Grant, A walk across Africa. S. 195.

[21]) Stuhlmann, Mit Emin Pascha S. 251.

Vom Südfusse dieser Bergmasse wendet sich die Umrandungs-
linie des Stromsystems gen Südwesten und bildet hier die nur
etwa 100 m über dem Niveau des Kagera-Thales liegende Wasserscheide zwischen dem Kakitumba, einem linksseitigen Nebenfluss
des Kagera, und dem Rufui-Fluss, der in den Albert Eduard-
Nyansa fliessen soll.[22]) Dann erreicht die Grenzlinie wieder den
Ostrand des zentralafrikanischen Grabens, der wie eingangs ausgeführt das Stromgebiet gen Westen abschliesst.

Die Fläche dieses dergestalt umrandeten Gebietes umfasst
nach einer planimetrischen Vermessung unter Zugrundelegung von
Blatt 19 des „Deutschen Kolonial-Atlas" von Paul Langhans (Ostafri-
kanisches Schutzgebiet Blatt 1 in 1: 2000000) rund 42200 qkm.

---

[22]) Scott Elliot, a. a. O. S. 176.

III. Das Bodenrelief und der geologische Aufbau des Zwischenseeengebietes.

Dem fliessenden Wasser sind die Wege in erster Linie durch die Konfiguration des Festen gegeben [23]); die Kenntnis des Bodenreliefs des von einem Flusslauf entwässerten Gebietes bildet daher eine unumgängliche Vorbedingung für das Verständnis des Stromsystems und seiner hydrographischen Merkmale. Die Oberflächengestalt und die Hydrographie einer Landschaft sind überdies ihrer genetischen Entwickelung nach so eng mit einander verknüpft und von der Einwirkung der verschieden gearteten Naturkräfte, die sie in mannigfacher, oft verwandter Weise wechselseitig beeinflussen, abhängig, dass eine Darstellung der letzteren ohne Berücksichtigung der ersteren, deren Betrachtung sinngemäss voranzustellen ist, nur ein unvollkommenes, seiner natürlichen Grundlage ermangelndes Bild geben würde.

Neben der Kenntnis der Art und des Charakters einer Landschaftsform bietet der geologische Aufbau des Bodens, sein erdgeschichtliches Werden eine bedeutsame Unterlage für eine richtige Beurteilung der einschlägigen Verhältnisse, denn von dem grösseren oder geringeren Alter des währenden Zustandes, vor dem wichtigere, die Bodenplastik tief eingreifend verändernde tektonische Vorgänge zur Ruhe gekommen sind, hängt es ab, ob das Fluss-

---

[23]) v. Richthofen, Führer f. Forschungsreisende. S. 133.

system in allen seinen Teilen den gegebenen Verhältnissen entsprechend einheitlich ausgestaltet und ausgeglichen werden konnte oder ob es noch unvollendet und unfertig bleiben musste.

Weiterhin ist die Klimaeigenart des Stromgebietes und die durch diese bedingte Form der einzelnen meteorologischen Erscheinungen von grosser Bedeutung, vor allem die Niederschlagsverhältnisse nach Art und Periodizität, da von diesen die Wasserzufuhr und die Wasserführung des Flusslaufes in Abhängigkeit steht.

Um die Genesis eines Stromsystems in allen Teilen zu ergründen, dazu gehört jedoch ein viel umfangreicheres und auf eingehenderen, sorgfältigen Beobachtungen und Messungen beruhendes Material, als es uns über den Kagera-Nil bisher zur Verfügung steht. Ich muss mich daher bescheiden, die verstreuten Angaben über den geologischen Bau und das Bodenrelief des Flussgebietes zu einem einheitlichen Bilde zu vereinen, da jene wiederum wichtige Rückschlüsse auf die Gestaltung des Flusslaufes selbst gestatten.

Der gewaltige, massige südafrikanische Kontinent ist in seinen östlichen und zentralen Teilen, die uns hier beschäftigen, aus archäischen Gesteinen, Gneisen und krystallinischen Schiefern, sowie in manchen Abschnitten aus Sedimentbildungen, die wahrscheinlich der paläozoischen Formation zuzurechnen sind, aufgebaut. Eine durch Äonen währende Abrasion hat die alten Faltungsgebirge abgehobelt und abgeschliffen und das ganze Gebiet zumeist bis auf den Grundkern blosgelegt. Deutsch-Ostafrika würde demnach in seinen orographischen wie geologischen Verhältnissen eine recht grosse Monotonie zur Schau tragen, wenn nicht das Gebiet durch tektonische Vorgänge eine eigenartige Gliederung erhalten hätte.

Bereits Stanley waren bei seiner zweiten Anwesenheit am Tanganyika-See (1876) die anscheinend in Wechselbeziehung zu einander stehenden Steilränder im südlichen Teile des Seetroges

aufgefallen, und es hatte sich ihm die Vermutung aufgedrängt,
dass hier ein plötzliches Einsinken eines Landstreifens ohne Störung
oder Verschiebung der Schichten stattgefunden habe.[24] Ebenso
hatte Joseph Thomson auf seiner zentralafrikanischen Expedition
die Ansicht gewonnen, dass dieser See offenbar durch die Bildung
eines grossen Spaltes oder durch eine Senkung von grosser, wenngleich unbekannter Tiefe entstanden sei.[25]

Auf Grund der vorliegenden Reiseberichte kam dann Eduard
Suess zu dem Schluss, dass Nyassa- und Tanganyika-See auf
keinem anderen Wege als durch Grabenversenkung erzeugt
sein könnten in gleicher Weise wie das Rote Meer, das Tote Meer
und die Schotts der tunesisch-algerischen Sahara.[26] Der weitere
Fortschritt der Erforschung Zentralafrikas und vor allem die be-
deutsamen Ergebnisse der österreichischen Expedition unter Graf
Teleki und v. Höhnel ermöglichten es dem grossen Geologen dann,
ein klareres Bild von der gewaltigen Ausdehnung der beiden
hauptsächlichsten Grabeneinbrüche, des ostafrikanischen und des
zentralafrikanischen, die Ostafrika in meridionaler Richtung durch-
ziehen, zu entwerfen.[27]

Die Bildung so grosser Spalten findet Suess nur erklärbar
durch das Vorhandensein einer Spannung, deren Richtung senkrecht
steht auf der Richtung der Spalte, und welche Spannung in dem
Augenblicke des Berstens, d. i. des Aufreissens der Spalte, ihre
Auslösung findet. Dieser Vorgang muss wohl mit einer gewissen
Aufwärtsbewegung der plötzlich freiwerdenden Lippen, d. h. der
Tafelränder, verbunden sein. Daraus erklärt sich auch die Er-
scheinung, dass die Wasserscheide hart an den aufgewulsteten
Grabenrand herantritt.[28]

[24] Stanley, Durch den dunklen Weltteil II, S. 37.
[25] Thomson, Expedition nach den Seen von Central-Afrika II, S. 232.
[26] Suess, Das Antlitz der Erde I. S. 512.
[27] Suess, Die Brüche des östlichen Afrika. Denkschr. d. Kais.
Akad. d. Wiss., Math.-nat. Kl. 58. Bd. Wien 1891 S. 555—584.
[28] Suess, a. a. O. S. 578—581.

Ausser diesen beiden grossen Grabensenken, die von vielen kleineren Einbrüchen und Spalten begleitet sind und deren Bildung wir uns in einer erdgeschichtlich jungen Zeit zu denken haben, müssen bereits in einer geologisch älteren Epoche — vielleicht in der Karbonzeit, die für die Umgestaltung der Erdoberfläche von so bedeutendem Einfluss gewesen ist — neben einer Auffaltung der jetzt stark denudierten archäischen und paläozoischen Schichten Spaltenbildungen und umfangreiche Dislokationen in Ostafrika stattgefunden haben. In dieser Zeit muss eine breite, vom 32. bis zum 36. Meridian reichende Landscholle niedergesunken und dann von emporquellenden Granitmassen überdeckt und verhüllt worden sein. Den nördlichen Teil dieser Versenkung, eine breite, flache Mulde, hat später der Viktoria-Nyansa eingenommen.[29]) Weitere Spaltenbildungen haben auch die Gesteinsmassen im Westen gelockert und kleineren Granitausbrüchen, so in Usindja, am mittleren Ruvuvu in Urundi, bei Kifui in Karagwe und im südlichen Mpororo die Wege geöffnet.

Von diesen tektonischen Vorgängen in älterer und jüngerer geologischer Vergangenheit ist das sog. Zwischenseegebiet, d. h. das Land zwischen dem Viktoria-Nyansa im Osten und dem Tanganyika-, Kivu-, Albert Eduard- und Albert-See, die sämtlich in die Sohle des grossen zentralafrikanischen Grabens eingebettet sind, im Westen, nachdrücklich beeinflusst worden und stellt in der Gegenwart ein vorwiegend aus Glimmerschiefern, Quarziten und Thonschiefern aufgebautes gewaltiges Schollenland dar, das von tiefen Spalten und Grabeneinbrüchen durchfurcht wird. Dem südlichen Teile dieses Gebietes ist das Stromsystem des Kagera-Nil eingeschrieben, der die Landschaften Usiba, Karagwe, Süd-Buddu, Süd-Mpororo, Nkole, Ruanda, Urundi und West-Usindja zum grossen Teil entwässert.

Zur Erläuterung der Bodenplastik der wichtigsten und bisher auch am besten erforschten Teile des Flussgebietes habe ich eine

---

[29]) Stuhlmann, a. a. O. S. 833.

Höhenschichtenkarte des Mittel- und Unterlaufes des Kagera-Nil entworfen, welche die Landschaften Usiba, Karagwe, Süd-Buddu, Süd-Mpororo, Ost-Ruanda, den nordöstlichen Zipfel von Urundi und einen Teil von Usindja umfasst. Die Karte ist auf Grund der grossen Kiepertschen „Karte von Deutsch-Ostafrika" Blatt A 2 Karagwe und A 3 Viktoria-Nyansa im Massstabe 1: 600000 entworfen, und es sind auf derselben unter Benutzung der in der Litteratur niedergelegten Darstellungen der Reisenden die Höhenschichten in folgenden 7 Stufen zum Ausdruck gebracht worden:

relative Höhe über dem Seespiegel des Viktoria-Nyansa		absolute Höhe	
1.	0 — 20 m =	1180 — 1200	m
2.	20 — 50 „ =	1200 — 1230	„
3.	50 — 100 „ =	1230 — 1280	„
4.	100 — 150 „ =	1280 — 1330	„
5.	150 — 250 „ =	1330 — 1430	„
6.	250 — 500 „ =	1430 — 1680	„
7.	über 500 „ =	über 1680	„

Wenngleich bei der Herstellung dieser Karte ein umfangreiches Material benutzt werden konnte, so waren dennoch viele Konjekturen nicht zu vermeiden, und es darf daher selbstverständlich nicht als ausgeschlossen gelten, dass spätere sorgfältigere kartographische Aufnahmen dieser Gebietsabschnitte das Kartenbild wesentlich verändern werden.

Das Zwischenseeengebiet wird im Osten durch das in nahezu meridionaler Richtung verlaufende Westufer des Viktoria-Nyansa begrenzt. Jenseits eines schmalen, flachen Uferbandes, mancherorts auch unmittelbar aus dem See, steigt das Land rasch zu 200 m relativer Höhe an und bildet seewärts einen Steilrand, der offenbar als der Westrand eines Grabenbruches anzusehen ist, und als dessen Gegenstück wir die der Küste in etwa 10—15 km Entfernung vorgelagerte Inselreihe anzusehen haben.[30]) Dieselbe be-

---

[30]) Stuhlmann, a. a. O. S. 728.

steht aus 12 grösseren und einer Anzahl kleinerer Individuen und findet im Süden nach Osten umbiegend ihren Abschluss gegen den granitischen Archipel in der dem Nordostausgange des Emin Pascha-Golfes vorgelagerten Insel Ssosswe, während die nur durch die Berichte von Bukoba-Fischern bekannt gewordene Insel Madsiba das Nordende der Inselreihe zu bezeichnen scheint.

Während alle Inseln östlich von Ssosswe und Maissome aus Granit bestehen, begegnen wir auf Ssosswe zum ersten Male den Gesteinen, die das Schollenland von Usiba und Karagwe aufbauen; es sind rote und violette Thonschiefer in hohen Klippen, die nach N. 50⁰ W. streichen und 30⁰ nach Nordost einfallen.[31]) Die Insel steigt im Innern zu 60—80 m an, im Süden sind ihr zwei kleine, niedere Inselchen Kagi und Bugabu vorgelagert.

Die beiden wenig bekannten Inseln Kassarasi und Luwaïma leiten zu der grossen, etwa 15 km langen und 3—4 km breiten, sich ostwestlich erstreckenden Insel Maissome hinüber, die aus einem rotbraunen, porösen, wabigen Gestein aufgebaut ist, das ganz wie Tuff aussieht, in Wirklichkeit aber ein eisenschüssiges Konglomerat darstellt.[32]) Die westliche Fortsetzung von Maissome bildet die Insel Lutshundikana; diese wie auch die weiter südlich dem Ausgang des Emin Pascha-Golfes vorgelagerten Inseln Luwondo und Bugando dürften jedenfalls noch der krystallinischen Schieferfazies zuzurechnen sein. Die grosse Insel Luwondo erscheint auf der Karte[33]) als eine tafelförmige Scholle mit östlichem Steilabsturz und sanfterer Abdachung nach Westen. Im Westen sind der Insel noch vier kleinere Inselgebilde: Mirambi, Luwisho und zwei winzige Eilande vorgelagert.

Eine regellose Anhäufung von Inseln zeigt sich vor der tief in das Land eingreifenden, schlauchartigen Bucht, in die der Ruiga-Fluss einmündet. Namen und Lage der einzelnen Glieder

---

[31]) Stuhlmann, a. a. O. S. 739.
[32]) Ders., a. a. O. S. 739.
[33]) Kiepert, Karte von Deutsch-Ostafrika. Blatt A 3.

dieses Archipels sind wenig sicher, genannt seien hier von West
nach Ost: Itemusa, Tshanso, Masinga, Kiwumba, Ikusa und
Luwiré.[34]) Das letztere ist durch einen Besuch Stuhlmanns[35])
näher bekannt geworden. Die Insel ist mit Buschwerk dicht bedeckt, erhebt sich zu 50—60 m und besteht in ihren unteren
Teilen aus weissem, rosafarbenem oder grauem, dicht krystallini-
schem Quarzit. Das Ufer ist steinig und mit abgerollten Quarzit-
brocken bedeckt.

In annähernd meridionaler Richtung verläuft die durch einen
10 km breiten Kanal von Luwiré getrennte Inselreihe Iroba,
Bumbide, Kitua. Die Mittelinsel ist gegen 15 km lang, jedoch
sehr schmal und steigt in einzelnen Punkten zu etwa 100 m an.
In der Mitte zeigt die Insel nach Stuhlmann eine bedeutende
Verengerung und fällt schmal wie ein Grat nach Osten und Westen
ab. „Überall kann man aber beobachten, dass an der Ostseite
die Höhen steil zum Wasser abstürzen, während sie an der Westseite sanfter geneigt sind. Im Osten der Insel haben wir demnach wiederum eine der grossen, von Norden nach Süden verlaufenden Bruchlinien vor uns, wie sie auch am Westufer des
Nyansa vorhanden sind. Auch hier sind wie am Festlande die
Schichten des Gesteins leicht nach Westen geneigt."[36])

Über die nördlichsten 5 Inseln: Nyaburu, Makibua, Bukerebe
(Stanley's Alice-Insel), Massi und Madsiba, die in SSW—NNO-
Richtung angeordnet sind, ist wenig bekannt.

Der Kanal, der die Inselreihe vom Festlande trennt[37]), fällt
schon dicht unterhalb des Landes schnell zu 5 bis 6 m Wasser-
tiefe ab; die 5-Meter-Linie entfernt sich nie weiter als 100 m

---

[34]) Die von Stuhlmann in die Karte eingetragene Insel Kagulamu ist
nach v. Trotha (Meine Bereisung von Deutsch-Ostafrika S. 50) ein Teil des
Festlandes.

[35]) Stuhlmann, a. a. O. S. 738.

[36]) Derselbe, a. a. O. S. 737—738.

[37]) Genetisch ist sie mit diesem eng verbunden und wurde nur aus
diesem Grunde hier eingehender abgehandelt.

vom Ufer und in 1 km Abstand findet sich bereits überall eine
Tiefe von 15 m. In der Mitte zwischen dem Festlande und der
Insel Bumbide wurden 27 m, an anderen Stellen des Kanals selbst
bis zu 50 m gelotet.[38])

Das Zwischenseeeengebiet, das, wie bereits erwähnt, nach Osten
mit jähem Abbruch am Viktoria-Nyansa endet, zeigt auch im Süden gegen die granitischen Hochebenen von Usindja und Unya-
mwesi einen deutlich ausgeprägten Steilrand, der nördlich von Nyama-
gotso an den See herantritt und von hier nach Südsüdwest zieht.
Der Boden besteht an diesem Bruchrande über grauem Granit
teils aus marmorartig aussehenden und in Quadern zerfallenden,
körnigen Quarziten, die nach der Höhe zu eine graubraune Farbe
besitzen und infolge von Verwitterung ein sandsteinähnliches Aus-
sehen erhalten. teils aus Glimmerschiefer. Die 250—300 m aufsteigende Scholle stellt eine hügelige Hochebene dar, deren Thäler
von Südwest nach Nordost verlaufen und deren Hügelreihen gen
Westen an Höhe zunehmen.[39])

Das Thal des Ruiga scheidet dieses Hochland von Kimwani
von der grossen Usiba-Scholle, die durch das tief einge-
schnittene Flussbett des Ngono oder Kinyawassi in meridionaler
Richtung in die schmale östliche Randscholle und in die breite
Ihangiro-Bhamira-Scholle zerlegt wird. Die erstere besitzt ihre
bedeutendste Höhe im Süden in der Landschaft Ihangiro, wo sie
zu 400 m relativer Höhe ansteigt, und wird nach Norden allmählich niedriger.[40]) Die steil unmittelbar zum Meere abfallende
Ostkante ist durchweg etwas aufgewulstet, da die von Nordnordwest nach Südsüdost streichenden Quarzitschichten nach Westen
leicht einfallen. Der Westabhang ist daher sanfter abgedacht,

---

[38]) Herrmann, Die Wasiba und ihr Land. — Mitt. a. d. Dtsch. Sch.
1894. VII. S. 45.

[39]) Stuhlmann, Bemerkungen zur Route um das Südwest-Ende des
Nyansa. Mitt. a. d. D. Sch. 1892 V S. 127. — Mit Emin Pascha
S. 126—127.

[40]) Herrmann, a. a. O. S. 44.

und die Wasserscheide tritt hart an den Ostrand heran, auf dem
der nackte Fels, graurötlicher Quarzit, in abgerundete Quadern
zerklüftet, an vielen Stellen zu Tage tritt. Die Küste macht
einen öden Eindruck und ist mit Ausnahme der Bucht von Kisinga,
etwa 10 km nördlich dieses Ortes, völlig hafenlos.[41])

In den Landschaften Kyanya, Kyamtwara und Bugabu wird
die Randplatte allmählich niedriger und die Küste reicher gegliedert.
Auf der Grenze zwischen den beiden ersteren Landschaften schneidet
eine geräumige Doppelbucht, der die Insel Kishakka vorgelagert
ist, tief in das Land ein. Die schmale Halbinsel Lubemba trennt
die südlichere kleinere Kashokero- oder Ikimba-Bucht von der
nördlicheren grösseren Kemondo-Bucht, die im Schutz des Kap
Kotani liegt und einen prächtigen natürlichen Hafen bildet, auch
an einzelnen Stellen einen sandigen Strand besitzt. Im Grunde
der Bucht dehnt sich eine flache Ebene aus, die von dem kräftigen,
teilweise versumpften Ngogo-Bach durchströmt wird.[42])

In der kleinen, weiter nördlich gelegenen Bucht von Bukoba,
die durch die vorgelagerte Insel Bussira, die Toteninsel der Wasiba,
geschützt wird, ist im Süden derselben zwischen zwei felsigen
Halbinseln ein völlig sicherer Hafen für Schiffe von weniger als
3 m Tiefgang vorhanden.[43])

In der Landschaft Bugabu, die nach Norden in die Vorgebirge
Lupasi und Bugabu ausläuft, wird die Randplatte erheblich niedriger
und erreicht kaum noch 100 m relativer Höhe über dem See.
Die Küste ist zum grossen Teil felsig, der Steilabfall tritt dicht
an den See heran, doch gliedern einige Buchten die Randlinie.
Ähnlich sind die Verhältnisse in der schmalen Landschaft Kisiba,
wo sich bei der Insel Kyan eine tiefe Bucht öffnet. Von der

[41]) Stuhlmann, Mit Emin Pascha S. 130, 670. — Herrmann, Bericht über seine Reise von Bukoba zum Urigi-See. D. K. Bl. 1893. IV. S. 196. — v. Trotha, Meine Bereisung von Deutsch-Ostafrika S. 50.
[42]) Stuhlmann, a. a. O. S. 131, 736. — Herrmann, a. a. O. S 196.
[43]) Stuhlmann, Über den Viktoria-Nyansa und die Schifffahrtsverhältnisse desselben. D. K Bl. 1892. III. S. 446

Kagera-Mündung an wird die Küste noch niedriger, und erst weit
von ihr entfernt begrenzen sanft abfallende Berge das Vorland.[44])
Der Bodenbau scheint überall der gleiche zu sein, wie wir
ihn schon in der Kimwani-Scholle kennen gelernt haben, so steht
auch bei Bukoba der gleiche Quarzit in rosa, weisser und grauer
Färbung und roter Thonschiefer an,[45]) nur Hauptmann Herrmann
erwähnt für Usiba ein weitverbreitetes Vorkommen von „vulkanischen Tuffen“, das an dieser Stelle etwas rätselhaft erscheinen
muss. Höchst wahrscheinlich handelt es sich hier um das gleiche
oder ähnliche poröse Gestein, das Stuhlmann auf der Insel Maissome
(Vergl. S. 16) anstehend gefunden hat.

Die Landschaften Kyamtwara und Bugabu sind durch einen
bemerkenswerten Reichtum an interessanten Höhlen ausgezeichnet,
von denen wir durch Herrmann Kunde erhalten haben.[46]) Ich
gebe seinen Bericht im Auszuge wieder: Die Höhlen sind in
Felsen gelegen und unterirdisch oft zu weiten Hallen erweitert
und schwer aufzufinden. Bei einigen ist der Eingang ein Felsenthor oder ein grosses, natürliches Loch, andere haben einen so
kleinen Eingang, dass sich ein Mann kaum durchwinden kann.
In manchen Höhlen hat ein Mann Platz, in anderen 400 Personen
mit Vieh und Hausgerät; in dieser Grösse giebt es hunderte von
Höhlen. Sie stellen ein System von durchschnittlich 1—1,20 m
hohen, im Durchmesser kreisrunden Röhren dar, die nur selten sich
im vorderen Ende zu einer Art Halle erweitern. Diese Röhren
enthalten sämtlich fliessendes Wasser und laufen allmählich spitz
zu; das Wasser tritt dann tiefer als Quelle wieder zu Tage.
Manche Röhren sind noch bis 1 km vom Eingang gangbar. Die
Eingänge sind verschieden gestaltet: Schlitze im Gestein mit sanft
schräg abfallendem Eingang oder senkrechte Trichter mit glatten

[44]) Stuhlmann. Mit Emin Pascha S. 140.
[45]) Stuhlmann, Bemerkungen zu der Kartenskizze der Umgebung
der Station Bukoba. Mitt. a. d. D. Sch. 1892, V. S. 190.
[46]) Herrmann, Über Höhlen bei Bukoba. D. K. Bl. 1896. VII.
S. 709—710.

Felswänden. Der tiefste ist ein Trichter in Bugabu: oben auf dem Plateau sieht man plötzlich im Grase ein kreisrundes Loch von 6 m Durchmesser. Senkrecht stürzen die glatten Quarzitwände 40 m in die Tiefe, wo verschiedene Röhren thalwärts gehen. Diese Höhle dient besonders dazu, schweren Verbrechern ein grauenvolles Ende zu bereiten; man bindet ihnen Arme und Beine und stürzt sie hinein. Die grösste Höhle ist die bei Nianga innerhalb einer malerisch schönen Urwaldparzelle mit westafrikanischer Flora gelegen; durch ein grosses Felsenthor, dessen Decke durch die Wurzeln eines Urwaldriesen durchbrochen ist, steigt man allmählich hinab, bis sich zwei Röhren abzweigen, die eine kann leicht 400 Menschen, die andere 60 Rinder beherbergen. Die Decken der Röhren sind durch Sickerwasser gespalten, und an den Spalten sieht man lappenartige Anhänge wie Tropfstein. Den Grund deckt angeschwemmte, nasse Erde, von fliessendem Wasser durchsickert. Die Höhlen finden sich in verschiedener Höhenlage: oben auf der Platte, an den Flanken und am Fuss der Gehänge.

Man erkennt sofort, dass man es hier mit Höhlen zu thun hat, die unter der Einwirkung von Erosion und Korrosion entstanden sind, denn hierauf weist schon das Vorhandensein von fliessendem Wasser, das in allen besuchten Höhlen angetroffen wurde, mit Deutlichkeit hin. Das Auftreten zahlreicher Bruchspalten, Risse und Klüfte ist eine typische Erscheinung für das Zwischenseeengebiet und in tektonischen Vorgängen begründet. Ausserdem zeigt hier der Quarzit eine Neigung zu quaderförmiger Absonderung und verursacht so die Bildung feiner Haarspalten und Schichtungsklüfte zwischen den einzelnen Quaderblöcken. Durch diese sickerte das Regenwasser in die Tiefe und wusch sich durch mechanische und chemische Thätigkeit nach und nach die weitverzweigten Gänge im Gestein heraus. Die Schlote vermochten anfänglich nur geringe Mengen von Wasser der Wasserhöhle, mit der sie kommunizierten, zuzuführen. Mit der Zeit erweiterten sie sich durch Erosion und Verwitterung; so entstanden die kreisrunden

Trichter, von denen Herrmann berichtet. Möglicherweise sind auch
einige der Schlünde durch Einsturz entstanden, doch lassen sich
solche an der Hand des kurzen Berichtes nicht mit Sicherheit nach-
weisen; vielleicht gehört die grosse Höhle in Bugabu, deren glatte
Quarzitwände lotrecht abstürzen und deren Schlot sich in der
Tiefe verästelt, in diese Kategorie.[47])

In Kriegszeiten dienen die Höhlen als Zufluchtsorte, prähisto-
rische Funde wurden in ihnen jedoch nicht gemacht. Dass Hauptmann Herrmann die Entstehung dieser Höhlen durch vulkanische
Eruptionen zu erklären versucht, sei nur nebenbei erwähnt.

Durch das breite und tiefeingeschnittene Thal des Ngono
(Kinyawassi)[48]), das parallel zur Küste verläuft und von Stuhlmann für einen Grabeneinbruch gehalten wird,[49]) wird die grosse
Ihangiro-Bhamira-Scholle, die gen Westen mit einem
Steilabfall an die vom Urigi-See und Luenssinga-See eingenommene
Senke herantritt, im Osten begrenzt. Dieses ausgedehnte Hochland ist nur an seiner Peripherie von einigen Reisenden berührt
worden, die kaum etwas Nennenswertes berichtet haben. Das
ganze Innere scheint eine unbewohnte, wasserlose Wildnis zu bilden;
im Süden ist die Platte von einer Menge sich durcheinander
schiebender, kahler und steiniger Tafelberge, Zeugen der Denudation
bedeckt.[50])

Dem nördlichen, der breiten Kagera-Ebene zugewendeten
Steilabfall ist der von Stuhlmann entdeckte Ikimba-See einge-
lagert, der von 120—200 m hohen Bergen umrandet wird, nach
Norden aber durch eine sumpfige Niederung einen Zugang zur Kagera-
Ebene besitzt, durch den jedenfalls in früheren Zeiten ein Abfluss

[47]) Vergl. hierzu Kraus, Höhlenkunde S. 43—70, 110—139.
[48]) Herrmann, Die Wasiba und ihr Land S. 44.
[49]) Stuhlmann, Mit Emin Pascha S. 834.
[50]) Herrmann, Bericht über die Reise von Bukoba zum Urigi-See.
D. K. Bl. 1893. IV. S. 196.

zum Strom geführt hat, und nur durch eine flache Wasserscheide
vom Thal des Ngono-Kinyawassi getrennt wird.[51]

In der Landschaft B h a m i r a ist die Oberfläche etwas reicher
gegliedert als im Süden, eine Anzahl von Bergzügen in meridionaler Richtung ist der im Innern gleichfalls wasserlosen Tafel als
Denudationsrest aufgesetzt. Nach Nordosten fallen die 150—160 m
hohen Nyamavale-Berge, denen einige niedere Höhen vorgelagert
sind, zum Kagera-Thal ab; nach Karagwe zu steigt das Hügel-
land westwärts allmählich auf.[52]

Eine scharf ausgeprägte Grenzscheide gegen das zu bedeutenderen Höhen sich erhebende Schollenland von Karagwe bildet
die grosse, etwa 140 km lange Urigi-Luenssinga-Senke,
die in allen Teilen deutlich den Charakter eines Grabeneinbruchs
zeigt. Auf beiden Seiten fallen die das Thal säumenden Schollen
mit Steilrändern unvermittelt zu der anscheinend in ihrer Breite
wechselnden Thalsohle ab. Diese ist in ihrem südlichen und
nördlichen Abschnitt, wo sie von Speke[53] und Stuhlmann[54] be-
gangen wurde, nahezu eben, die Höhenmessungen Stanley's[55] haben
überdies die interessante Thatsache ergeben, dass der Rand des
Urigi-Sees mit 1198 m tiefer liegt als das Kagera-Thal unter
dem gleichen Meridian. Das Mittelstück der Senke zwischen den
beiden Seeen zeigt anscheinend eine leichte Anschwellung, die den
regelmässigen Abfluss des jetzt stark zusammenschrumpfenden
Sees unterbunden hat; hierauf werde ich bei Besprechung der
hydrographischen Verhältnisse an späterer Stelle zurückkommen.

Die Umgebung des Urigi-Sees besteht aus weichen thonigen
Sandsteinen von braunroter, purpurroter und gelblichweisser Färbung, die schichtenweise wechsellagern; daneben stehen Quarzite
an, deren Verwitterungsschutt den Fuss der Berge bedeckt. Bei

---

[51] S t u h l m a n n, a. a. O. S. 219.
[52] H e r r m a n n, Die Wasiba und ihr Land. S. 44.
[53] S p e k e, a. a. O. S. 196.
[54] S t u h l m a n n, a. a. O. S. 222.
[55] S t a n l e y, Im dunkelsten Afrika. II. Karte.

Vigura fanden sich ferner rote Sandstein-Konglomerate, und auch der Thalboden ist von roter, eisenschüssiger Färbung und wurde von Speke dem heimatlichen Devon verglichen.[56])

Westlich dieser grossen Grabensenke erhebt sich das in zahlreiche Schollen zersprengte Karagwe mit einem 300—500 m hohen Steilrande und steigt westwärts an, um dann mit gleicher Schroffheit zu dem breiten Längsthal des Kagera abzufallen. Das Gebiet ist durchschnittlich 1500 m hoch, 40—75 km breit (in Ost-West) und besitzt eine grösste Längserstreckung von 170 km (Nord-Süd). Es stellt ein regelloses Gewirr von grösseren und kleineren Schollen dar, die auf der Höhe eine mehr oder weniger wellige Tafel bilden, und wird durch zahlreiche steilwandige, oft abflusslose Thäler zerteilt und gegliedert. Diese streichen in der Hauptsache von Südost nach Nordnordwest und sind Bruchspalten, die durch Erosion ausgeweitet und abgerundet wurden. Die Thalgründe sind teils mit Papyrussümpfen, die durch träge fliessende Wasseradern mit einander verknüpft sind, erfüllt, teils auch schon ganz ausgetrocknet und mit einem neutraltintenfarbigen Schlamm, der dem ägyptischen Nilschlamm ähnelt, bedeckt.[57]) Neben der Hauptstreichrichtung der Thäler, der sog. „Erythräischen", von Südsüdost nach Nordnordwest tritt auch die von Lent[58]) am Kilimandjaro beobachtete „Somali-Streichrichtung" von Südsüdwest nach Nordnordost, die sich mit der ersteren im spitzen Winkel schneidet, mehrfach auf.

Der Bodenbau gleicht im Grossen und Ganzen dem des östlichen Gebietes; an Hand der Beobachtungen von Scott Elliot hat der englische Geologe Gregory für die sedimentären Gesteine, welche die Karagwe-Serie bilden und wahrscheinlich paläozoischen

---

[56]) Speke, a. a. O. S. 196.
[57]) Stuhlmann, a. a. O. S. 227; Scott Elliot, A naturalist in Mid-Africa S. 40—41, 245; Herrmann, a. a. O. S. 58; v. Trotha, a. a. O. S. 56—57; Stanley, Im dunkelsten Afrika II. S. 368.
[58]) Lent, Tagebuch-Berichte der Kilimandjaro-Station V. S. 37.

Alters sind, vier Hauptstufen aufgestellt, die in nachstehender Reihenfolge vorkommen:

1. körniger Quarzit,
2. grober, schiefriger Sandstein,
3. Schichten von roten und braunen Sandsteinen, die Lager von Hämatit einschliessen,
4. thonige Schichten, die sich zwischen Schieferthonen und gut spaltbaren Schiefern einordnen.[59])

Die Schichten streichen vorwiegend meridional oder von Nordnordwest nach Südsüdost und fallen nach Westen ein; die westliche Kante der Bruchspalten ist daher stets bedeutend schroffer als die östliche, wie wir das bereits in Usiba und auf den Inseln gesehen haben.[60]) Da die Schichten mit steilem Winkel einfallen und stark gefaltet sind, auch mannigfache Verschiebungen und Störungen in vertikaler Richtung erlitten haben, so lässt sich die Mächtigkeit dieser Stufe nicht feststellen, immerhin muss diese eine sehr bedeutende sein, da die 300—400 m tief eingerissenen Thäler den liegenden Gneis nicht zu erreichen vermögen. Nach der Ansicht Gregory's[61]) dürften diese Sedimentgesteine mit den quarzigen Kiesen und roten und gelblichen Sandsteinen bei Udjidji und mit dem weissen, blätterigen Sandstein von Niankorio am Südende des Tanganyika wie auch mit den von Cornet[62]) beschriebenen, weit verbreiteten Sandsteinen im oberen Kongobecken der gleichen Stufe angehören.

Der südliche Teil von Karagwe, die Uhimba-Scholle, zeigt noch nicht den bizarren Wechsel im Bodenrelief, der uns im Norden entgegentritt, sondern weist ähnlich der Ihangiro-Scholle

---

[59]) Elliot and Gregory, The Geologie of Mount Ruwenzori, Quart. Journ. Geolog. Soc. London 1895, 51. Bd. S. 677—678; Elliot, a. a. O. S. 70, 176—177.

[60]) Stuhlmann, a. a. O. S. 834; Stanley, a. a. O. S. 372.

[61]) Elliot and Gregory, a. a. O. S. 679.

[62]) Cornet, Les formations post-primaires du Bassin du Congo. — Ann. Soc. géolog. Belge. Mém. 1895. XXI. S. 193—279.

noch verhältnismässig einfachere Formen auf. Der Ostabfall am
Urigi-See wird von rötlichen thonigen Sandsteinen aufgebaut, die
auch das zum Urigi-Graben entwässernde, tiefe, romantische Thal
von Uthenga (Butenga) mit steilen, teils überhängenden Bergen
von 300 m Höhe umschliessen.[63]) Der Boden dieser Gegend ist
ungemein reich an Eisen, und Scott Elliot sah hier Stücke ge-
diegenen Erzes.[64]) Weiter im Nordwesten in der Umgebung von
Katawanga steht reinblauer oder gestreifter thoniger Sandstein
an, während die Berghöhen von reinem Quarz gekrönt werden,
dessen Gänge ziemlich meridional verlaufen.[65]) Diese langgestreckten Bergrücken setzen sich nach dem Kagera zu fort, werden
aber im südwestlichen Uhimba durch kesselartige Bildungen, die
durch scharfgratige Wände von einander getrennt werden, abge-
löst. Zahlreiche tiefe Schluchten durchsetzen das Land. Dass
wir es hier vorwiegend mit Bruchspalten und nicht mit reinen
Erosionsfurchen zu thun haben, zeigt deutlich der Bericht des
Obersten v. Trotha, dessen Expedition eine über 100 m tiefe und
kaum 10 m breite, wasserlose Schlucht auf einem bei dem seit-
lichen Auseinanderreissen stehen gebliebenen Verbindungsgrat von
nur 1 m Breite überschreiten konnte.[66]) Ähnliche Bildungen erwähnt Stuhlmann in Nord-Karagwe.[67]) Von Stanley wird das
Vorkommen von braungeadertem Porphyr an einem Arm des
Uhimba-Sees erwähnt, doch bedarf diese Beobachtung noch der
Bestätigung, wiewohl das Auftreten von vulkanischen Gesteinen
im Kagera-Graben erklärbar erscheint.[68])

An die Uhimba-Scholle schliesst sich nach Nordwesten das
Bergland von Mittel-Karagwe an, das in vielen Punkten

---

[63]) Speke, a. a. O. S. 200.
[64]) Elliot, a. a. O. S. 245.
[65]) Speke, a. a. O. S. 201
[66]) v. Trotha, a. a. O. S. 59.
[67]) Stuhlmann, a a O. S. 663.
[68]) Stanley, Durch den dunklen Weltteil I, S. 518; v. Reichenbach,
Die Geologie der deutschen Schutzgebiete in Afrika S. 47.

zu bedeutenderen Erhebungen — über Schneekoppenhöhe — ansteigt und den Kagera-Graben in seinem mittleren Teile ostwärts
begrenzt. Durch zahlreiche Bruchspalten und kleine, meist gänzlich
ausgetrocknete Gräben ist das Schollenland vielfach zerstückelt.
Von Süden her vermittelt die von der grossen Karawanenstrasse
durch Karagwe benutzte Thalmulde von Kafuro den Anstieg zum
Hochlande. Die breite, meridional verlaufende Senke ist mit
flachen Hügeln durchsetzt und wird im Osten und Westen von
200—300 m hohen Bergzügen umrandet. Nordwärts verliert sie
sich allmählich in den Bergen, in die sie eine kleine Fortsetzung
nach Nordnordost vortreibt.[69]

In der Hauptsache können im eigentlichen Karagwe folgende
sechs grössere Schollenmassen von wechselnder Breiten- und Längserstreckung, die durch meist trockene, steilrandige Thäler (Bruchspalten) von einander getrennt werden, hervorgehoben werden:
die Ruavetokosi-Berge, die Kaka-Berge, die Weranyanye-Scholle,
die östliche Randscholle, die Nyakita-Scholle und die Wugoie-
Scholle mit den Ruanyana-Bergen. Den Westrand gegen das
Kagera-Thal nehmen die Ruavetokosi- und Kaka-Berge ein,
beide meridional erstreckte Platten mit hügeliger Oberfläche, von
denen die letztere den kuppelförmigen, von Nord nach Süd gestreckten Issossi (d. h. „Berg") trägt.[70] Ostwärts legt sich an
diese die Weranyanye-Platte, auf welcher der Häuptlingssitz
von Karagwe liegt, deren N 8° W streichende Quarzit-Sandstein-
schichten im östlichen Teile nahezu senkrecht einfallen. Zwischen
diesen drei Schollen ist der landschaftlich reizvolle Ruanyana-
See (Windermere-See) eingeschlossen, ein deutlich ausgeprägtes
Einbruchsbecken mit zwei sich nahezu rechtwinklig kreuzenden
Axen, zu dem die grasbewachsenen Bergwände steil abstürzen,

[69] Stuhlmann, a. a. O. S. 223, 242—243.
[70] Stanley, Durch den dunklen Weltteil I, S. 496; Stuhlmann,
a. a. O. S. 228; 243.

und das durch einen schmalen Kanal mit dem Kagera zeitweise in Verbindung steht.[71])

Am Ostgehänge des Issossi dehnt sich die breite 1310 m hohe Bthossi-Ebene zwischen zwei Bergzügen aus; sie bildet einen Thalzug, der eine sekundäre Längsspalte im Schollengebiet darstellt. Auch hier zeigen sich bei sämtlichen in Nord- und Süd-Richtung verlaufenden Bergzügen die Westabhänge sanft gerundet und mit Gras bewachsen, während die östliche Seite steilere Abfälle und Felskanten aufweist. Die 4—6 km breite, völlig horizontale Ebene scheint der Boden eines ehemaligen Sees zu sein, dessen Reste der kleine Nkonde-See und der nördlich von diesem gelegene grössere Kyantunga-See, Stanley's Merure-See,[72]) der aber nicht, wie Stanley annimmt, einen Abfluss nach Westen hat, sind; beide Seeen sollen vielmehr abflusslos sein. Das Thal wendet sich nach Nordnordost und zeigt die auch an anderen Orten mehrfach beobachtete „Somali-Streichrichtung".[73])

Nach Osten wird der nördliche Teil von Karagwe gegen die Urigi-Luenssinga-Senke hin von einer hohen, schmalen Platte, die eine nach Westen geöffnete Sichel beschreibt und gegen 70 km Längsausdehnung besitzt, umrandet. Die einzelnen, stehen gebliebenen Verwitterungsreste erheben sich zu namhaften Höhen: 1700 m bei Kissaho, 1690 m bei Nakilindi, 1740 m bei Ihorosa Kivonuanimi, 1750 m nördlich von Katende, 1670 m bei Kitunga, 1750 m westlich von Navirungo. Auf ihrer Oberfläche bildet die Platte eine wellige Hochebene, auf der nirgendwo schroffe Felsen hervortreten; alles ist durch kräftige Denudation ausgeglichen und hat eine sanftere Formenausbildung erhalten. Durch mehrere, von Südsüdost nach Nordnordwest streichende

---

[71]) Speke, a. a. O. S. 202 ff.; Grant, a. a. O. S. 148 ff.; Stanley, a. a. O. S. 495—501; Stuhlmann, a. a. O. S. 227—230; Scott Elliot, a. a. O. S. 248.

[72]) Stanley, a. a. O. S. 504.

[73]) Schweitzer, Emin Pascha S. 610; Stuhlmann, a. a. O. S. 243.

Längsfalten, von denen wiederum zahlreiche Querfalten ausgehen, ist das Gelände, dessen mittlere Erhebung 1550—1600 m beträgt, stark gegliedert. In ihrem südlichen Abschnitt bei Kassesse, wo vor der Kahendere-Kette ein nach Nordnordwest streichendes Längsthal trennend eingeschnitten ist, wird die Scholle aus grauen und roten Schiefern aufgebaut, die nach Ostnordost mit 50—70° einfallen. Nach Norden zur Kagera-Ebene fällt die Platte in den Nyeruanga-Bergen mit einem 330 m hohen Absturz steil ab. Quarzit von weisser, grauer und roter Farbe wechselt mit Thonschiefer ab, der in zwei verschiedenen Horizonten ansteht und nach Südost mit 70° einfällt. Nordöstlich begleitet eine Hügelreihe in einiger Entfernung die Hauptscholle: die 80 m relativ hohen Kamha-Berge bestehen aus schiefrigen Gesteinen, deren Schichten fast senkrecht gestellt sind. Die breite, wasserlose Flussebene am Fuss der Berge ist mit Gras und lichtem Steppenbusch bestanden.[74]

Innerhalb der sichelförmigen Krümmung liegt die dreieckig geformte Nyakita-Scholle, die 1600—1650 m hoch und mit grasigen Rundhügeln bedeckt ist. An diese lehnt sich im Westen ein etwa 40 km langer, schmaler Schollenstreifen, der zwei leicht gekrümmte, nach Westen geöffnete Bogen beschreibt. An der Verbindungsstelle dieser beiden Bogen, die Stuhlmann überschritt, besitzt die Scholle eine Höhe von 1760 m und fällt ostwärts steil zu einem 1360 m hohen Thalzuge ab.

Westlich davon zeigt sich ein System tiefer, enger Thäler, die, soweit das Auge reicht, sich zwischen langen, schmalen Hügelrücken hinziehen. Im Norden werden die Thäler durch kleine Wasserläufe entwässert, die dem Kagera tributär sind; viele Thalrisse sind dagegen abflusslos, aber alle besitzen die charakteristischen steilen Wände und verlaufen von Südsüdost nach Nordnordwest.[75] Die Schollen sind im Durchschnitt 1500—1600 m hoch und

---

[74] Stuhlmann, a. a. O. S. 221—223, 665.
[75] Stanley, Im dunkelsten Afrika II, S. 368—372.

steigen an einzelnen Punkten zu 1760, 1750 und 1780 m an. Am Nordabhange entquellen in einem kleinen Thaleinschnitt aus rotem Kieselsandstein die heissen Quellen von Mtagata, die auf eine sehr tief gehende Spaltenbildung in der Erdrinde schliessen lassen. Die Quellen treten in vier Gruppen auf und variieren in der Temperatur zwischen 52,5 und 39°. Von den Eingeborenen werden die Thermen zu Heilzwecken, besonders gegen Hautkrankheiten und Beinwunden, benutzt. Das Wasser ist völlig klar und hat nicht den geringsten Geschmack weder nach Schwefel, noch nach Kohlensäure oder Salz. Die chemische Analyse ergab ein schwach alkalisches Wasser.[76]

Den Nordwesten von Karagwe nimmt die grosse Wugoie-Scholle und der Ruanyana-Bergzug mit seinen Ausläufern ein. Die erstere ist gegen 1600 m hoch und von viereckiger Gestalt mit einem weit nach Nordwesten ausgreifenden Zipfel: den Wakirera- und Wanyamumba Bergen. Im Süden wird die Wugoie-Scholle durch eine breite, von Seeen und Sümpfen bedeckte Senke umrandet, die von Ostsüdost nach Westnordwest verläuft und im Westen mit dem Kagera-Thal in Verbindung steht. Nahezu rechtwinklig dazu verläuft eine zweite Senke, die gleichfalls mit Papyrussümpfen erfüllt ist und bei hohem Wasserstande den Überschuss des Kagera-Wassers in sich aufnimmt. Diese beiden Senken gliedern nach Südwesten ein hohes Bergmassiv von der Wugoie-Scholle ab und verdanken ihre Entstehung den gleichen tektonischen Kräften, die den Ruanyana-See gebildet haben, was sich auch in dem Parallelismus der Richtungsaxen ausprägt. Wenn dieser Thalzug auch gelegentlich Gewässer des Kagera aufnimmt, diesem vielleicht auch eine Zeit hindurch als Flussbett gedient hat, so darf seine Entstehung nicht der Erosionsthätigkeit des Flusses zugeschrieben werden, denn in ähnlicher Weise wie der Ruanyana-See greift der östliche Ausläufer der ostwestlich

---

[76] Stuhlmann. a a. O. S. 663—664; Stanley, Durch den dunklen Weltteil I, S. 506.

verlaufenden Senke im Kyivetokosi- (Rokira-) See mit drei Zipfeln
in das Bergland hinein. Dieses Seebecken, das etwa im gleichen
Niveau mit dem westlich davon sich erstreckenden Schilfsümpfen
liegt (1320—1330 m), kann niemals durch die Fluten des Flusses
ausgewaschen sein, sondern wir müssen für seine Entstehung die
vorstehend gegebene Erklärung durch Bruchbildung in Anspruch
nehmen.

Die Wugoie-Scholle besteht aus den gleichen Quarziten und
Schiefern wie das übrige Karagwe, doch finden sich am Südrande
bei Kifui kleine Rundhügel von grauem Granit, dessen Fortsetzung
erst wieder in Mpororo beobachtet worden ist.[77]) Nach Nordwesten ist die sich in den Wanyamumba-Bergen erhebende Scholle
von Wugoie durch die Rutunguru-Berge mit dem gabelförmigen
Ruanyana-Bergzuge, der den äussersten Nordwesten von Karagwe
einnimmt, verwachsen. Der Hauptrücken, der in verschiedenen
Punkten zu 1760 und 1790 m aufsteigt. verläuft von Südwest
nach Nordost und ist im Norden nach Westen umgebogen. Sein
unterer Teil besteht an der Übergangsstelle Stuhlmanns aus ge-
schichtetem Thonschiefergestein, in dem viel Glimmer eingelagert
ist; darauf folgt grauer, von rosa und weissen Adern durchsetzter
Quarz. Die Schichten fallen nach Nordnordwest mit 80⁰ ein.
Weiter nördlich tritt viel Brauneisenstein auf als Liegendes zu
wechsellagernden Thonschiefern und Quarzen. Nach Norden ist
der Abfall überaus steil.[78])

Der westliche Zinken der Ruanyana-Gabel begleitet das Kagera-Thal im Osten und endet nördlich innerhalb der grossen Fluss-
krümmung in dem 1580 m hohen Kagehe-Bergzug, der grössten-
teils aus Thonschiefern besteht, die von Norden nach Süden
streichen und nach Osten mit 30⁰ einfallen.[79])

Zwischen den beiden Bergzügen dehnt sich eine gegen 15 km
breite, leicht wellige Grasebene aus, die zum Kagera führt; es

---

[77]) Stuhlmann, a. a. O. S. 245.
[78]) Stuhlmann, a. a. O. S. 246, 662; Schweitzer, a. a. O. S. 617—618.

ist ein ausgedörrtes, weissliches Land, unter dem roter Thon liegt, mit Dünenbildung, anscheinend ein alter Seeboden, in den sich der Kagera ein etwa 20 m tiefes Bett gegraben hat.[80])

Nach dem Austritt aus diesem Kessel beginnt das Kagera-Thal ostwärts sich allmählich zu verbreitern, bis es oberhalb Kitangule in eine weite Niederung übergeht. In Süd-Buddu weichen auf dem linken Ufer die Bergzüge, welche in Parallelreihen von grasigen, nach Osten zum See spitz zulaufenden Bergvorsprüngen bestehen, weiter nordwärts zurück.[81]) Bei Ndongo (Mssenyi) herrschen die gleichen gestreiften thonigen Sandsteine wie in Karagwe vor[82]) und bilden die Berge von Isamgévi[83]) und Tiasimbe[84]). In den Kigallagalla-Bergen tritt der Höhenrand näher an das Flussthal heran und steigt westwärts in den Kavungo-Bergen zu 1500—1600 m an. In den Vorbergen und auf den gegen 1500 m hohen Mawale-Bergen steht Granit mit sehr grossen Feldspatkrystallen an, während in den Vituntu-Bergen (1800 m) wieder Quarzite und Quarzsandsteine vorherrschen, daneben findet sich Glimmerschiefer, Turmalin, Bergkrystall und auch Eisenerz. Das im Süden in breite Steppen ausgeebnete Land steigt im westlichen und nördlichen Mpororo an und wird stark bergig.[85]) Die Karagwe-Schichten setzen sich bis zu den Ruampala-Bergen nach Ankole fort und bestehen hauptsächlich aus schieferigen Quarziten und harten kieseligen Schiefern mit mangelhafter Schieferung. Die Bergrücken sind mit körnigem Quarzit gekrönt, während das dem Gneis unmittelbar auflagernde Gestein ein grober, schieferiger Sandstein ist.[86])

[79]) Stuhlmann, a. a. O. S. 661.
[80]) Stuhlmann, a. a. O. S. 246; Schweitzer, a. a. O. S. 618.
[81]) Grant, a. a. O. S. 195.
[82]) Speke, a. a. O. S. 264.
[83]) ebendort S. 266.
[84]) Elliot a. Gregory, a. a. O. S. 679.
[85]) Stuhlmann, a. a. O. S. 251—252, 660.
[86]) Elliot a. Gregory, a. a. O. S. 679.

Im Süden sind in die schieferigen Gesteine Granite einge-
schaltet, erstere streichen nach N 40⁰ W und fallen nach Südwest um 50—70⁰ ein. Nach Stuhlmann[87]) ist die ganze Bodenkonfiguration in diesem Landstriche im höchsten Grade verwickelt,
doch lässt sich auch hier in grossen Zügen eine Hauptstreichrichtung von Südsüdost nach Nordnordwest erkennen. Besonders
charakteristisch sind die zahlreichen kleinen und grossen Thäler,
die mit Papyrussümpfen erfüllt und z. T. abflusslos sind, teils
auch zum Kagera oder zum Albert-Eduard-See abwässern. Eine
breite, sumpfige Ebene zwischen Süd-Mpororo und dem Steilrande
von Ruanda, die wohl einen alten Seeboden darstellt, wird durch
den Kakitumba zum Kagera entwässert.

Nach Süden schliesst sich an Mpororo und nach Westen an
Karagwe, von diesem durch den Süd-Nord bez. Südsüdost-Nord-
nordwest verlaufenden Kagera-Graben getrennt, das grosse Schollenland R u a n d a, das westwärts bis an den Ostrand des zentralafrikanischen Grabens reicht und bisher erst in wenigen Strichen
näher erkundet worden ist. Der Steilrand, mit dem Ruanda im
Osten zum Kagera-Graben abstürzt, ist durch tiefe Schluchten
und Thäler eingekerbt,[88]) darüber erheben sich einzelne Bergkuppen. Der Norden von Ruanda ist nach Langheld[89]) in seinem
Hauptteile ein Hochgebirge mit Höhen bis zu 3000 m, das sich
zum Albert Eduard-See und zum Kagera abdacht. Die Thäler
sind meist mit Papyrussümpfen erfüllt, in einem derselben wurde
ein grösserer, schöner Gebirgssee von etwa 10 km Länge und
5 km Breite entdeckt.

Den Südosten nimmt die Landschaft K i s s a k k a ein, derer
aufgewulsteten Rand die Dulenge-Berge bilden; das Liegende

[87]) S t u h l m a n n, a. a. O. S. 259.
[88]) S t a n l e y, a. a. O. I. S. 496.
[89]) L a n g h e l d, Über einen Zug nach Ruhanda. D K. Bl. 1895. VI,
S. 73.

a

derselben besteht aus gneisartigem Gestein.[90]) Die Landschaft stellt ähnlich Karagwe eine baumlose Hochebene dar in 1700 — 1800 m Höhenlage, die von einer grossen Anzahl z. T. sehr schroff abfallender Schluchten nach verschiedenen Richtungen hin durchschnitten wird. Die Hauptthäler verlaufen meridional, also parallel zum Kagera.[91]) Es herrschen die gleichen Gesteine wie in Karagwe; an der östlichen Übergangsstelle über den Nyavarongo fand Graf von Götzen Thonschiefer anstehend, dessen Schichten Nordnordost-Südsüdwest streichen und mit 60⁰ WSW fallen.[92]) Weiter westwärts zeigt sich als Liegendes Glimmer-schiefer, der sich auch jenseits des zentralafrikanischen Grabens in der Landschaft Butumbo in den Kongostaat hinein fortsetzt.[93]) Aus der Grabensohle selbst ist eine Gruppe junger Vulkane auf-gestiegen, von denen der Kirunga-tscha-gongo noch in der Gegen-wart thätig ist.

Durch das Thal des Akanyaru von Ruanda geschieden schliesst sich im Süden die Landschaft U r u n d i an. Vom Grabenrande, den Kibira-Bergen,[94]) die zu 3000 m Höhe ansteigen und denen die Quellgewässer des Kagera entspringen, senkt sich das Land allmählich nach Osten hin. Die Landschaft Urundi ist durch eine intensive Erosion in ein ziemlich regelloses Gewirr von Bergkuppen verwandelt worden, die im nördlichen Teile in der Nähe des Kagera vorwiegend in meridionaler Richtung, weiter im Süden von Ost nach West angeordnet sind. Nahe dem Graben-rande erreicht Urundi in den Missosi ya Mwesi mit 2420 m und in dem in seinem Südabschnitt gelegenen Mgera-Gebirge seine bedeutendsten Erhebungen.

In das wellige Grasland sind zahlreiche enge, von Papyrus

---

[90]) T e n n e, Prof., Über die vom Grafen v. Götzen gesammelten Ge-steine. — Anhang zu Graf v. Götzen: Durch Afrika S. 389.

[91]) G r a f v. G ö t z e n, Durch Afrika von Ost nach West S. 153.

[92]) G r a f v. G ö t z e n, a. a. O. S. 167.

[93]) T e n n e, a. a. O. S. 390, 395.

[94]) S c o t t E l l i o t, A Naturalist S. 261.

erfüllte Thäler eingeschnitten, durch welche die Bäche träge zu Thal sickern. Bei fast allen Wasserläufen zeigt sich ein deutlich ausgebildetes System von Thalstufen; an manchen Orten finden sich breite Senken eingebettet, die stets versumpft und mit verfilzter schwimmender Grasvegetation bedeckt sind. Westwärts gewinnt Urundi mehr Plateaucharakter, der sich auch in West-Ussui erhält. Hier fallen die ausgeebneten Höhen in steilen, oft in schroffen, terrassenförmigen Felswänden abstürzenden Hängen zu den engen Flussthälern ab.

Über Gneisen und Glimmerschiefern lagern in konkordanter Schichtung Thonschiefer und Quarzite, die Nordnordost-Südsüdwest streichen mit steilem WNW-Fallen (60—70⁰). Der Quarzit ist vielfach verwittert und oft mit dicken Lateritmassen überlagert. In den Flussthälern des Ruvuvu (an der Ruanilo-Fähre) und des Akanyaru tritt durch die Erosion blosgelegt Granit und Diabas zu Tage.[95]

Fassen wir zum Schluss noch einmal kurz die Wesenszüge des Zwischenseeengebietes zusammen, so finden wir in ihm einen langen, von Nord nach Süd gestreckten, von West nach Ost sich abdachenden und durch Denudation stark abgetragenen Horst, an dessen Ostflanke eine gewaltige Landmasse tief abgesunken ist, während sich an seiner Westflanke der schmalere zentralafrikanische Graben eingesenkt hat. Fast durchweg zeigt sich eine konkordante Lagerung der ziemlich gleichmässig aufgebauten Schichten, die über Gneisen, Glimmerschiefern und Thonschiefern aus Schieferthonen, Sandstein und Quarziten, Gliedern der paläozoischen Formation bestehen. Diese Schichten sind vielfach gefaltet, zerknittert und verschoben, oft auch auf den Kopf gestürzt und streichen vorwiegend Nordnordost—Südsüdwest. Die tektonischen Spannungen, deren Auslösung die Bildung des Horstes herbeigeführt hat, haben auch diesen selbst in Mitleidenschaft ge-

---

[95] Baumann, a. a. O. S. 73—90, 152—154; Tenne, a a. O. S. 263—290; v. Trotha, a. a. O. S. 67—70.

zogen, ihn vielfältig zersprengt und in eine Anzahl von Schollen aufgelöst. Die bedeutendsten Brüche verlaufen in nahezu meridionaler Richtung, daneben zeigt sich ein System rechtwinklig zu dieser gestellter Brüche und Spalten. Fliessendes Wasser und Verwitterung haben durch Abtragung oder Aufschüttung einzelne Glieder der Bruchlinien zu einander in Verbindung gebracht oder ehemals vorhandene Verbindungen gelöst und verwischt. Der Kagera und seine bedeutendsten Zuflüsse sind, wie ich weiter unten ausführen werde, bei der Ausbildung ihres Stromsystems den in den grossen Thalzügen genetisch gegebenen Bedingungen gefolgt.

IV. Die Niederschlagsverhältnisse.

Die Wasserführung eines Stromsystems, dessen gesamter Wasserhaushalt ist abhängig von den Niederschlagsverhältnissen im Stromgebiet, ihrer Höhe, Intensität und jahreszeitlichen Verteilung, sodann auch von der Pflanzendecke des Entwässerungsraumes. Die Verschiedenartigkeit dieser Vorbedingungen schafft einen reichen Wechsel im Charakter der Wasserläufe und hat eine ganze Stufenfolge ausgebildet von dem australischen Creek, dem mit elementarer Gewalt „abkommenden" Giesstrom Südwestafrikas oder dem Wadi der Sahara und Arabiens bis zu dem in sich ausgeglichenen Riesenstrom Südamerikas, dem Amazonas, dessen grosse Jahresschwelle ausgeschaltet sein würde, wenn die Entwickelung seiner nördlichen Zuflüsse nicht hinter derjenigen der südlichen beträchtlich zurückgeblieben wäre.

Unsere Kenntnis der genannten Vorbedingungen im Kagera-Gebiet ist vorläufig noch eine ausserordentlich geringe, vor allem fehlt eine längere Reihe exakter Messungen im Stromgebiet selbst gänzlich, und wir müssen als Notbehelf die auf entfernter liegenden Stationen gemachten Beobachtungen, welche aber auch meist lückenhaft sind und nur wenige Jahre umfassen, heranziehen; es sind dies: Bukoba, Muansa, Natete, Rumongue bez. Massanse. Wenn wir hierbei berücksichtigen, welche ungemein grosse Verschiedenheit Ostafrika in dem jährlichen Wechsel seiner Niederschlagsverhältnisse zeigt, so erscheint es recht gewagt, vereinzelte Ziffernwerte von überdies z. T. fragwürdiger Zuverlässigkeit aus ganz verschiedenen Jahrgängen von entfernt von einander

gelegenen Orten der Nachbargebiete einer Beurteilung der Verhältnisse zu Grunde zu legen. Der Vollständigkeit halber sollen
diese Messungen im Nachstehenden gegeben werden, wiewohl
ich denselben nur einen untergeordneten Wert zuerkennen kann,
zumal die Beobachtungen auf der einzigen in unserem Gebiet gelegenen Station Bukoba auf ihre Zuverlässigkeit hin angezweifelt
werden müssen.

Auf dieser Station ist 1893 von August bis Dezember, 1894
Juni und August bis Dezember und 1895 Januar bis Juli beobachtet worden. Die einzelnen Beobachtungsmonate weisen mehrfach Lücken auf: 1.—13. VIII. und 4.—11. X. 1893, 1.—9. XII.
1894, 23.—31. VII. 1895; ausserdem ist Februar 1895 lückenhaft.

Ähnlich liegen die Verhältnisse auf der Station Muansa am
Südufer des Viktoria-Nyansa, wo April bis Juni und August bis
Dezember 1894 und Januar bis Mai sowie Juli und August 1895
beobachtet wurde. Es fehlen 23.—31. III. und 1.—2. IV. 1895;
Juli und August 1895 sind lückenhaft.[96]

Anscheinend gleichmässiger sind die Beobachtungen der fran-
zösischen Missionare am Nordende des Tanganyika vom 1. XII.
1880 bis 10. V. 1881 zu Rumongue an der Nordostküste und
vom 13. VII. 1881 bis Ende 1882 zu Massanse an der Nordwest-
küste des Sees.[97]

Am wichtigsten, da eine Reihe von 7 Jahren umfassend,
sind die Beobachtungen des englischen Missionars Mackay in
Natete (Uganda) am Nordufer des Viktoria-Nyansa.[98]

---

[96] Mitt. a. d. D. Sch. 1896. IX. S. 169.
[97] Zeitschr. d. Ö. Ges. f. Meteorol. XIX, 1884. S. 294—296 „Zum
Klima des äquatorialen Centralafrika". Für die Monate September bis
Dezember 1882 wurde ein Nachtrag nach Symons Monthly Met. Mag. Nov.
1883 benutzt.
[98] Zuerst veröffentlicht in Ravenstein, Rep. on Meteorol. Observa-
tions in British East Africa J. 1893; diese Quelle war mir nicht zugänglich,
dafür wurde benutzt: Scott Elliot, A naturalist in Mid-Africa S. 47, der
von einer achtjährigen Beobachtung spricht, und Supan, Die Verteilung
des Niederschlags auf der festen Erdoberfläche. Pet. Geogr. Mitt. Erg. H. 124.

Station	Breite	Länge	Höhe m	Beobachtungs-jahre	Januar	Februar	März	April	Mai	Juni	Juli	August	September	Oktober	November	Dezember	Jahr
Bukoba	-1° 20'	31° 55'	1200	1$^{1}/_{2}$	89*	166	299	751	720	8*	14	60	38	98	197	108	2548
Muansa	-2° 35'	32° 50'	1200	1$^{3}/_{12}$	90*	122	116	238	96	79	0*	40	74	181	103	121	1260
Tanganyika	-4°	29° 30'	820	2	179	139	124	232	200	0*	10	13	20	42	116	193	1268
Natete	-0° 22'	32° 45'	1250	7	60	111	114	195	135	76	80	73*	99	133	99	34*	1209

Wie wir aus dieser Tabelle ersehen können, tritt am Viktoria-Nyansa ein zweimaliges, deutlich erkennbares Anschwellen der Niederschläge ein, das dem Zenithalstande der Sonne folgt. Die grosse Regenzeit währt von Februar bis Mai, ihr folgt die grosse Trockenzeit von Juni bis September (in Natete bis August), dann dieser die dreimonatliche kleine Regenzeit, die auch in ihren Monatswerten hinter der grossen Regenzeit, von der sie nur durch ein ein- bez. zweimonatliches Abflauen der Niederschläge (kleine Trockenzeit) getrennt ist, zurückbleibt. Diese kleine Trockenzeit erscheint am Tanganyiká völlig verwischt, die beiden Regenzeiten fliessen in eine einzige zusammen, die von November bis Mai dauert und der eine Trockenzeit von Juni bis Oktober gegen-übersteht.

Im Zwischenseeengebiet scheinen die Jahreszeiten sich nicht mit der gleichen Deutlichkeit wie am See auszuprägen. Das Klima von Usiba bezeichnet Herrmann[99]) „als ausserordentlich feucht, es regnet das ganze Jahr hindurch fast täglich, so dass die Jahreszeiten verschwimmen. Gewitter sind sehr häufig, fast kein Tag vergeht ohne Wetterleuchten oder Donner in der Ferne." Immerhin scheint in Karagwe im März-April ein bemerkenswertes Anschwellen der Niederschläge hervorzutreten, das die Reisenden besonders hervorheben. Grant[100]) berichtet von häufigen Gewittern und vielen trüben, englischen Tagen. Helle Tage waren in dieser Zeit selten, und niemals erblickte er einen „italienischen" Himmel. Stuhlmann[101]) giebt von der Witterung in West-Karagwe Anfang April folgende Schilderung: morgens fiel sehr starker Tau, der die Kleider völlig durchnässte; vormittags war das Wetter heiter, um Mittag erfolgte regelmässig Wolkenbildung, am Nachmittag entluden sich starke, von Gewittern begleitete Regengüsse. Dicht vor Sonnenuntergang trocknete dann die Sonne die Feuchtigkeit

---

99) Herrmann, a. a. O. S. 45.
100) Grant. a. a. O. S. 149-150.
101) Stuhlmann, a. a. O. S. 237.

wieder auf. Noch weiter westlich, in Ruanda, ist nach Graf
v. Götzen[102]) eine ausgesprochene Regen- und Trockenzeit nicht
vorhanden; auch im Norden von Ruanda scheinen die jährlichen
Niederschläge bedeutend zu sein, denn nach Aussage der Eingeborenen regnet es während des ganzen Jahres.[103])

Im mittleren Deutsch-Ostafrika weht fast das ganze Jahr
über der Südost-Passat; derselbe ist ziemlich trocken, findet aber
auf seinem Wege über den See hinreichend Gelegenheit, Feuchtigkeit aufzunehmen, die er dann am Westufer des Sees wieder ab-
ladet. Aus diesem Grunde weist Bukoba eine wesentlich höhere
Niederschlagsmenge als das am Südufer gelegene Muansa auf.
In dem nur allmählich ansteigenden Karagwe findet jedenfalls
ein Nachlassen der Niederschläge statt, während das höhere
Ruanda wieder durch Steigungsregen begünstigt wird. Wir werden
uns daher vielleicht nicht allzuweit von der Wirklichkeit ent-
fernen, wenn wir annehmen, dass der Niederschlag in Usiba an
der Westküste des Viktoria-Nyansa rund 2000 mm beträgt, weiter
westwärts in Karagwe auf 1500 mm — in einzelnen Strichen
möglicher Weise noch weniger — sinkt, um dann in Ruanda
gegen den Grabenrand hin bis zu 2000—2500 mm anzusteigen;
denn die Berichte der Reisenden sprechen von einem ausserordentlich grossen und ständigen Wasserreichtum in den Thälern des
fernsten Westens des Zwischenseeengebietes. Jenseits des Grabenrandes nehmen die Niederschläge wieder ganz erheblich ab, und
Baumann[104]) hebt hervor, dass das Klima in ganz auffallender
Weise durch die Wasserscheiden beeinflusst werde, indem das
Gebiet des Kagera fruchtbar und reicher an Niederschlägen sei
als das Tanganyika-Gebiet, während das Urigi-Gebiet etwa die
Mitte zwischen beiden einhalte.

Einen gewissen Anhaltspunkt für die Beurteilung der Nieder-

[102]) Graf v. Götzen. a. a. O. S, 105.
[103]) Langheld, a. a. O. S. 73.
[104]) Baumann, a. a. O. S. 154.

schlagsverhältnisse eines Landes pflegt die Pflanzendecke zu bieten, da sich von deren Formen Rückschlüsse auf die grössere oder geringere Wasserzufuhr, die der Boden erhält, machen lassen. Dieses Kriterium ist aber nur mit grosser Vorsicht zu benutzen, da es leicht zu irrigen Schlüssen führen kann.[105] Fast das gesamte Zwischenseeengebiet stellt sich als ein baumloses Savannengebiet dar und ruft in dem Beschauer leicht den Eindruck eines trockenen Landes hervor. Es darf dabei nicht ausser Acht gelassen werden, dass wir es hier mit Landstrichen zu thun haben, die für afrikanische Verhältnisse ausserordentlich dicht besiedelt sind (Ruanda, Urundi, Usiba) oder besiedelt gewesen sind (Karagwe).[106] Die sesshaften Wahuma haben den Wald für den Anbau ihrer Feldfrüchte gerodet, und die herrschenden Watussi haben als Viehzüchter seit Alters einen extensiven Wirtschaftsbetrieb geübt. Ganz besonders verhängnisvoll aber ist dem Urwalde das übliche Grasbrennen der Eingeborenen geworden und wird es noch in der Gegenwart, wofern nicht schon das hohe Savannengras einen aufstrebenden Baumwuchs erstickt oder dieser von den weidenden Herden vernichtet wird. Scott Elliot, ein sehr aufmerksamer Beobachter, hebt es ausdrücklich hervor, dass auf den ausgetrockneten Thalböden schöne, schattige Wälder schnell entstehen und sich auf eine Strecke an den Hügelhängen hinaufziehn. Die Stämme können aber das Feuer nicht vertragen und werden bald wieder gelichtet, bis endlich hohes Savannengras an ihre Stelle tritt.[107] Sehr bemerkenswert ist jedenfalls das Hinübergreifen der westafrikanischen Flora in das Zwischenseeengebiet.[108]

---

[105] Dove, Studien über Ostafrika. Ausland. 1891. S. 326-327.
[106] Vergl. die Schilderungen Speke's und v. Trotha's.
[107] Elliot, a. a. O. S. 42.
[108] Stuhlmann, a. a. O. S. 838.

V. Die äussere Gestaltung des Flusslaufes.

a. Der Oberlauf.

Den Ruhm, den eigentlichen Quellfluss des gewaltigen Nilstroms zu bilden, nehmen drei bedeutendere Gewässer, die nahe der gleichen Stelle sich vereinigen, für sich in Anspruch: Ruvuvu, Akanyaru und Nyavarongo. Bei der Erörterung dieser Frage müssen wir zunächst auf den Gang der Entdeckungsgeschichte zurückgreifen.

Die erste Kunde über den Oberlauf des Kagera bringt uns Stanley, der nach den bei Rumanika, dem Häuptling von Karagwe, zu Kafuro eingezogenen Erkundigungen die Meldung erstattet: „Der Fluss Ni-Navarongo kommt von der Westseite der Ufumbiro-Berge, macht einen weiten Bogen durch Ruanda und mündet in den Akanyaru-See, wo er mit dem von Süden kommenden Kagera zusammentrifft".[109]) Wenn Stanley von einem Akanyaru-See spricht und aus dieser Angabe auf seiner Karte das Bild des Alexandra-Sees konstruiert, so gab hierzu jedenfalls ein hoher Wasserstand in den mehrere Kilometer breiten, tiefen Papyrussümpfen, die den Kageralauf in dieser Gegend begleiten,[110]) die Veranlassung.

Die Expedition Oskar Baumanns vermittelt uns die nähere Kenntnis des Ruvuvu und führt zur Entdeckung der Quelle dieses Gewässers, die Baumann für die wirkliche Nilquelle hält und

---

[109]) Stanley, a. a. O. I. S. 508.
[110]) Ramsay, a. a. O. S. 179.

damit die Nilquellenfrage für endgültig gelöst bezeichnet.[111]) Dieser Annahme widerspricht aber die Thatsache, dass der Ruvuvu nirgends den Namen Kagera führt, dieser vielmehr nach dem Sprachgebrauch der Eingeborenen bei dem aus Akanyaru und Nyavarongo geeinten Flusslauf verbleibt,[112]) in den der Ruvuvu einmündet, auch Graf v. Götzen bemerkt ausdrücklich, dass in den grösseren Kagera der Ruvuvu als Nebenfluss einmündet;[113]) das Gleiche bestätigen Scott Elliot[114]) und v. Trotha.[115]) Da überdies nach Ramsay und v. Trotha der erstere hinsichtlich seiner Wasserführung bei weitem bedeutender als der Ruvuvu ist, so muss dieser aus der Reihe der Quellflüsse des Kagera ausscheiden und sich mit dem Range eines Nebenflusses begnügen.

Es bleibt nun die Frage, ob der Akanyaru oder der Nyavarongo als der eigentliche Quellfluss anzusehen sei, eine Frage, die erst in der jüngsten Zeit ihre Lösung gefunden hat. Bei seinem Marsche durch Kissakka den Kagera aufwärts hörte Ramsay zu seinem Erstaunen, dass der mächtige, grosse Fluss, den er für den Akanyaru hielt, mit einem Male von den Eingeborenen Nyavarongo genannt wurde, und befürchtete daher schon den Zusammenfluss von Akanyaru und Nyavarongo verfehlt zu haben.[116]) Dies war nicht der Fall, aber es ergab sich die interessante Thatsache, dass der Nyavarongo in Wirklichkeit den Oberlauf des Kagera bildet. Das hatte bereits Graf v. Götzen vermutet, und der alte Fährmann, der ihn an der ersten Übergangsstelle über den Nyavarongo gesetzt, hatte den Fluss als Kagera bezeichnet.[117]) In diesem Flussabschnitt, in den dann auch der Akanyaru einmündet, der selbst niemals Kagera genannt wird,[118]) scheinen beide

[111]) Baumann, a. a. O. S. 89.
[112]) Ramsay, a. a. O. S. 178.
[113]) Graf v. Götzen, a. a O. S. 154.
[114]) Scott Elliot, a. a. O. S. 253.
[115]) v. Trotha, a. a. O. S. 63.
[116]) Ramsay, a. a. O. S. 179.
[117]) Graf v. Götzen, a. a. O. S. 168.
[118]) v. Trotha, a. a. O. S. 64.

Namen im Wechsel vorzukommen,[119]) bis schliesslich der Fluss oberhalb ausschliesslich Nyavarongo und unterhalb ausschliesslich Kagera benannt wird.

Wenn wir also den Nyavarongo als den wirklichen Oberlauf des Kagera ansprechen, so folgen wir nicht nur berechtigter Weise dem Sprachgebrauch der Eingeborenen, sondern erkennen auch dem längsten und sicher bedeutendsten Quellfluss den Vorrang zu.

Ich wende mich daher zunächst zur Betrachtung dieses Flusslaufes.

Als Quelle des Nyavarongo wird der Berg Kuruhehe an der Westgrenze Urundis angegeben,[120]) der jedenfalls an den Grabenrand zu setzen ist. Richard Kiepert legte die Quelle des Nyavarongo an das Nyakisu-Gebirge,[121]) Ramsay bezeichnet jedoch diese Annahme als irrig, denn es gelang ihm trotz acht- bis zehntägigen Suchens nicht, die Quellen in dieser Lage zu finden.[122]) Er marschierte nördlich zwischen dem Nyakisu und dem Muvissi-Gebirge hindurch und fand nordwestlich von der Mumussi-Kette zwischen hohen Bergen einen wasserreichen Fluss mit riesigem Gefäll, den die Leute Kingiti nannten, und fünf Minuten später einen ebenso wasserreichen Fluss, der sich dicht unterhalb mit dem Kingiti vereinigt und den die Führer Nyavarongo nannten. Andere Eingeborene bezeichneten ihn als Kanserigi, Ramsay ist daher nicht ganz sicher, den Oberlauf gefunden zu haben.[123]) Dass dieser Wasserlauf der Nyavarongo wirklich ist, erscheint aber sehr wahrscheinlich, zumal der Fluss nach Norden gerichtet war.

In seinem Oberlauf folgt der Fluss anscheinend dem Ostabhange des Grabenrandes in vorwiegend südnördlicher Richtung. An der Stelle, an der Graf v. Götzen den Fluss zum zweiten Mal

[119]) Ramsay, S. Exped. nach Ruanda. Verh. Ges. f. E. 1898. S 312.
[120]) Graf v. Götzen, a. a. O. S. 168.
[121]) Ebenda, Rich. Kiepert's Begleitworte zur Karte S. 364.
[122]) Ramsay, Mitt. a d. D. Sch. 1897. X. S. 180.
[123]) „ Verh. Ges. f. E. Berlin 1898. S. 316.

in 1450 m Höhe[124]) überschritt, floss dieser genau von Süd nach
Nord[125]) in steiler Bergschlucht und war hier etwa 30—40 m
breit.[126]) Der Nyavarongo beschreibt dann nördlich einen grossen
Bogen gen Osten[127]) und wendet sich hierauf nahezu südlich;
er umgeht so einen hohen Bergstock, die Indisi-Kette, deren Pass-
höhe von Graf v. Götzen zu 2130 m ermittelt wurde.[128]) Innerhalb des Bogens strömen dem Nyavarongo gleichfalls in südnörd-
lichem Laufe mehrere kleinere Bergwasser zu, deren bedeutendsten
der Uakoke und der Mukajumbui sind.[129])

An der ersten (östlichen) Übergangsstelle des Grafen v. Götzen
in 1370 m Höhe[130]) fliesst der Nyavarongo in einem breiten Fluss-
tbal, zu dem die Berge steil abstürzen und in dem der Fluss
sich in den kühnsten Windungen durch ein ausgedehntes Sumpf-
land hindurch schlängelt und im allgemeinen eine südliche Richtung einhält. Der Fluss, dessen aus Thonschiefer bestehende
Ufer von Kandelaber-Euphorbien gesäumt werden, ist 4—5 m
tief,[131]) etwa 40 m breit und von reissender Strömung.[132])

Östlich dieser Stelle erstreckt sich von West nach Ost ein
langes, schmales Seebecken, der von Graf v. Götzen entdeckte
Mohasi-See, der eine leicht gewundene Gestalt besitzt und
mehrere Zipfel, die in ihrem oberen Teile gewöhnlich versumpft
sind, nach Süden vorstreckt. Vom Entdecker wird das Wasser-
becken mit seinen vielen Zungen und einspringenden Buchten dem
Vierwaldstätter See verglichen.[133]) Der See ist gegen 55 km lang,

124) v. Danckelman, Höhenmessungen in Graf v. Götzen S. 373.
125) Über die Reise des Lieutenants Grafen v. Götzen durch Central-
afrika 1893/94. D. K. Bl. 1895 VI, S. 105.
126) Graf v. Götzen, a. a. O. S. 174.
127) Bericht über die Expedition des Grafen v. Götzen. D. K. Bl.
1894. V S. 575.
128) Graf v. Götzen a. a. O. S. 172.
129) Graf v. Götzen, Karte von Kiepert.
130) Ebenda S. 163.
131) „ S. 167.—168.
132) Über die Reise u. s. w. D. K. Bl. 1895. VI. S. 105
133) Graf v. Götzen, a. a. O. S. 164.

800 m breit und 10 m tief. Ob der in 1460 m Meereshöhe gelegene See einen Abfluss zum Nyavarongo besitzt, konnte nicht mit Sicherheit festgestellt werden. Die Angaben der eingeborenen Führer widersprachen sich, und Graf v. Götzen neigt in anbetracht der ganzen Konfiguration des Geländes der Ansicht zu, dass dies nicht der Fall ist.[13]) Immerhin kann die Möglichkeit nicht als ausgeschlossen gelten, dass der sich weit nach Osten erstreckende See unmittelbar in den Mittellauf des Kagera abwässert.

Etwa an der Stelle, wo auf der Karte des Grafen v. Götzen eingetragen ist: „Hier grosses Überschwemmungsgebiet des Nyavarongo", also etwa 10 km südlich seines Überganges über den Fluss, mündet von rechts der Akanyaru ein, wie bereits erwähnt der bedeutendste Zufluss des Nyavarongo, der hinter diesem an Mächtigkeit wenig zurücksteht.

Auch die Quellen des Akanyaru sind z. Zt. noch nicht erforscht, Ramsay konnte auf seiner Expedition im März 1897 nur feststellen, dass der Fluss am Ostgehänge des Grabenrandes entspringt;[135]) nordwestlich der Mumissi-Kette machte der Akanyaru bereits den Eindruck eines grösseren Flusses und liess auf einen langen Oberlauf schliessen. Dieser ist von West nach Ost gerichtet und macht westlich des Nyawiyenga-Gebirges, wo er 3—4 m breit und 1 m tief ist, einen scharfen Knick, worauf er den Mogere aufnimmt.[136])

Das von Schluchten durchschnittene Gebiet am Oberlauf, das Baumann in einigen Strichen kennen lernte, ist selbst in der Trockenzeit ungemein wasserreich; überall rauschen Gewässer, die von Schirmakazien und anderen Laubbäumen eingefasst werden, dem Flusse zu, der an der westlichen Übergangsstelle Baumanns in 1460 m Höhe als vielgewundener, reissender Bergstrom gegen Nordost fliesst. An diesem Punkte konnte der zwischen steilen

---

[134]) Ebenda S. 160, 163, 164, 168.
[135]) Ramsay, Mitt. a. d. D. Sch. 1897, X, S. 180.
[136]) „   Verh. Ges. f. E. Berlin 1898. S. 316.

Hängen eingebettete Fluss Mitte September noch durchwatet werden.[137])

Etwa 12 km stromabwärts beginnt das Flussthal sich bedeutend zu breiter Thalfurche, die von ausgedehnten Papyrussümpfen eingenommen wird, zu weiten. Aus dem schwarzen Boden schiessen 2—3 m hohe Papyrushalme auf, deren Wurzelstöcke das Erdreich weithin durchsetzen. Der Fluss teilt sich oberhalb der Stelle, wo ihn Baumann zum ersten Mal von Intaganda kommend in 1450 m Höhe überschritt, in zwei Arme, von denen der rechte der bedeutendere ist; er war im September noch 10 m breit und 5 m tief. Der Übergang der Expedition vollzog sich teils in grossen Kanus, teils auf einem Knüppeldamm, der von den Eingeborenen mit Hilfe zusammengebundener Papyrusbündel hergestellt wurde. Der linke Arm war dagegen nur 5 m breit, 1 m tief und langsam fliessend. Der Höhenrand fällt überall steil zum Flussthal ab.[138])

Unterhalb dieser Stelle macht der Akanyaru wahrscheinlich eine ganz scharfe Wendung nach Norden, um dem Nyavarongo-Kagera zuzufliessen;[139]) kurz vor seiner Mündung durchfliesst er zwei von Oberst v. Trotha entdeckte Seeen, den grösseren Uruguero-See und den kleineren Kanzigirra-See, und tritt dann durch eine schmale Pforte in den Kagera ein.[140]) Kurz vor seiner Einmündung ist der Akanyaru, der hier auch Kagoma genannt wird und fast genau in nördlicher Richtung fliesst, 43 m breit; seine Tiefe wechselt zwischen 1,75 und 3,75 m, in der trockensten Zeit soll der Fluss durchwatbar sein. Die Stromgeschwindigkeit ist gering, weil die riesigen Papyrus-Sümpfe das Wasser sehr verteilen.[141])

---

[137]) Baumann, a. a. O. S. 86; P. G. M. Erghft. 111. S. 6,
[138]) Baumann, a. a. O. S. 83—84, 146.
[139]) Ramsay, a. a. O. S. 313.
[140]) v. Trotha, a. a, O. S. 64—66.
[141]) Ramsay, a. a. O. S. 312.

Vor der Aufnahme des Akanyaru hatte der Nyavarongo im März 1897 eine Breite von 36 m und eine Tiefe von 1,8—2 m, sein Gefälle ist stärker als das des Akanyaru. Eine Strecke unterhalb des Zuflusses wird der Fluss, dessen Ostufer die hohe Mtemerere-Kette bildet, 41 m breit. In der Landschaft Karenge entdeckte Ramsay zu beiden Seiten des Flusses eine Anzahl von Bergseeen, die zumeist in den Kagera abwässern; es sind dies im Westen des Flusses der Gwiriri-, Lilima- und Bugissera-See, im Osten drei kleinere Seeen, dann der fast kreisrunde Ruwinda-See, der wieder mit dem grössten Seebecken der Gegend, dem Ssakke-See, in Verbindung steht. Der Ssakke-See ist etwa 7 km lang, 2—3 km breit und durchschnittlich 2,75—3 m tief; er steht mit dem Kagera durch einen breiten, stellenweise über 1 m tiefen Papyrussumpf in Verbindung.[142]

Mit scharfer, rechtwinkliger Umbiegung nach Osten tritt der Nyavarongo-Kagera als stattlicher, mächtiger Fluss in eine breite Thalfurche ein, die mit mehreren Kilometer breiten, tiefen Papyrussümpfen, deren Breite zwischen zwei, vier und mehr Kilometern wechselt, erfüllt ist,[143] und strömt in östlicher Richtung dahin, bis ihm von rechts der ansehnliche Ruvuvu zufliesst.

Die erste Kenntnis dieses bedeutenden Tributärs des Kagera verdanken wir Oskar Baumann, der den Fluss 1892 entdeckte, ihn zweimal überschritt und auch seine Quelle fand. Dieselbe liegt am Ostabhange des zentralafrikanischen Grabens in den Missosi ya Mwesi, den „heiligen Mondbergen" Baumanns; der Fluss entsteht in 2120 m Meereshöhe[144] aus der Vereinigung zweier kleiner, kaum ein halbes Meter breiter Rinnsale, die etwa ein Kilometer oberhalb des Vereinigungspunktes zu reinen Regenschluchten werden, welche nur periodisch Wasser führen. Als kleines, nicht viel über ein Meter breites Bächlein rauscht

---

[142] Ramsay, a. a. O. S. 312.
[143] Ramsay, Mitt. a. d. D. Sch. 1897. X. S. 178—179.
[144] Baumann. P. G. M. Erghft. 111. S. 6.

4

der Ruvuvu in schmalem, leicht sumpfigem Thal zwischen hohen und steilen Grashängen zunächst in südöstlicher Richtung dahin und wird bald — an Baumanns westlicher Übergangsstelle in 1820 m Höhe[145]) — nachdem er eine Reihe Bergwasser in sich aufgenommen hat, zu einem stark fliessenden, etwa 5 m breiten Bach.[146])

Im Süden des Ruvuvu wird das Bergland, Vinsanganwie's Gebiet, von zahlreichen engen Thälern durchschnitten, aus denen wasserreiche Sumpfflüsse zu einem stattlichen Gewässer von 45 m Breite und 1,4 m Tiefe, dem Nyankulu, zusammenströmen.[147]) Dieser vereinigt sich von Süden kommend mit dem Ruvuvu. Aus der gleichen Richtung, die durch die Abdachung des Grabenrandes bedingt wird, fliesst diesem eine weitere Reihe belangreicher Nebenflüsse zu, die von Baumann in der Nähe ihres Quellgebietes überschritten wurden, über die im Übrigen aber noch nichts Näheres bekannt geworden ist; es sind dies vor allem der Muwarasi, den Baumann nahe der Quelle in 2270 m Höhe[148]) kreuzte und der sich mit dem ihm von rechts zuströmenden Msuawula, einem ansehnlichen, reissenden Bach, dessen viel gewundener Lauf zwischen steilen Hängen eingeschnitten ist, vereint, und der Luvironza.

Vor der Einmündung des letzteren nimmt der Ruvuvu von links den Dulumo oder Mduruma auf, der nördlich der Baumannschen Route als Agashayaru entspringt und in seinem Mittellauf Ndabiho genannt wird. Mit einem kleinen, etwa 20 m hohen, mehr Schnellen ähnlichen Fall stürzt er in das herrliche Thal zwischen dem Murama- und Ushirobeo-Rücken, um sich dann in den breiten, stark von West nach Ost strömenden und nicht durchwatbaren Ruvuvu zu ergiessen, der hier den Namen Uruyenze

---

[145]) **Baumann**, a. a. O. S. 6.
[146]) „ Durch Massailand. S. 88.
[147]) **Scott Elliot**, a. a. O. S. 263.
[148]) **Baumann**, P. G. M. Erghft. 111 S. 6.

führt. Derselbe durchbricht von Westen kommend in 1531 m
Höhe das Gebirge zwischen der Mgera- und Kishishwe-Platte und
schiesst durch ein enges Felsthor schäumend und brausend in ein
rundes Becken, in dem er seine Wasser zu neuem Laufe sammelt.
Er umgeht darauf das Mgera-Gebirge mit einer Biegung nach
Süden und fliesst in der Thalfurche des Mduruma nach Aufnahme
dieses Zuflusses seiner Vereinigung mit dem Luvironza zu.[149])

Die von Baumann unter 3^0 46' s. Br. festgelegte Quelle
eines rechten Zuflusses zum letzteren darf als südlichster
Punkt des gesamten Nilsystems angesehen werden. Die Quelle
des Luvironza selbst, deren ungefähre Lage dem Reisenden von
den Eingeborenen gezeigt wurde, muss, nach der Kammrichtung
des Gebirges zu schliessen, etwas nördlicher liegen. An der
Stelle, wo Baumann diesen vielgewundenen Wasserlauf in 1770 m
Höhe überschritt — etwa 14 km von der Quelle entfernt — war
er ein $^{1}/_{2}$ m tiefes und kaum 3 m breites Bächlein.[150]) Der
Mittellauf des Luvironza scheint eine nördliche Richtung einzu-
halten, denn an der Stelle, wo ihn v. Trotha sah, kam der
Fluss aus Süden; er geht nach Aussage der Eingeborenen hart
am Kisonga-Gebirge vorüber und biegt hierauf am Ikeheta-Plateau
in einem ganz spitzen Knie nach Osten ab, um sich dann bald
mit dem Ruvuvu zu vereinigen. Nach der Darstellung v. Trotha's
ist das Thal des Luvironza breiter als das des Ruvuvu und an
der Stelle, wo sich der Fluss in grossen, mäandrischen Windungen
dem Mgera-Gebirge nähert, mit flacheren Ufern ausgestattet.
„Der lange Rücken des Nyakawanga tritt jedoch wieder steil an
und in das Wasser des Flusses, und auch das südlich denselben
begrenzende, nicht sehr hohe Ikeheta-Plateau fällt mit seinem
Rand, einem Hochufer ähnlich, in das Wasser." Der Luvironza
ist hier etwa 50 m breit, schultertief und hat feste Ufer, auch

---

[149]) v. Trotha, a. a. O. S. 68—70.
[150]) Baumann, Durch Massailand S. 93, 147—148; P. G. M. Erghft.
111 S. 6.

dort wo Schilf steht, das nicht wie der sonst in den Thälern des Zwischenseeengebietes weitverbreitete Papyrus den Boden versumpft. Eine Barometerablesung ergab eine Höhe von 1654 m.[151]) Die Einmündungsstelle des Luvironza in den Ruvuvu ist von Ramsay aufgesucht worden, doch steht die Veröffentlichung seiner astronomischen Ortsbestimmung und seiner näheren Beobachtungen z. Zt. noch aus. Der Luvironza ist nach Ramsay fast, wenn nicht ebenso bedeutend als der Ruvuvu. Hohe Berge, von denen der Isagara-Berg wohl der höchste ist, erheben sich schroff aus dem Flussthal.[152])

Nach den Beobachtungen v. Trotha's und Ramsay's muss mit Bestimmtheit angenommen werden, dass der Ruvuvu einen weit grösseren Bogen nach Süden beschreibt, als es Baumann auf seiner Karte[153]) dargestellt hat. Kurz unterhalb des Zusammenflusses bildet der Ruvuvu einen 25—30 m breiten, nicht durchwatbaren, schnell zwischen hohen Bergen dahineilenden, stattlichen Fluss, der zunächst östlich, hierauf nordöstlich fliesst und dann gleich abwärts von der 5 Tagemärsche von der Luvironza-Mündung entfernten Kawuje-Fähre eine scharfe Wendung nach Norden macht.[154]) Zwei weitere Tagemärsche abwärts ist der Ruvuvu in 1410 m Höhe an der Ruanilo-Fähre, wo ihn Baumann kreuzte, ein grosser, breiter Fluss, der seine graubraunen Fluten zwischen hohen, von üppiger Vegetation gekrönten Ufern dahinwälzt. Steile Granitriffe und eine kleine Felsinsel ragen aus dem Strome auf, der hier die Ostgrenze von Urundi gegen Uyagoma bildet.[155]) Der Ruvuvu war Anfang September (1892), also in sehr trockener Jahreszeit und bei ungewöhnlich niedrigem Wasserstande, ein reissendes Gewässer von 35 m Breite und 3 m Tiefe. Seine

---

[151]) v. Trotha, a. a. O. S. 70—71.
[152]) Ramsay, Mitt. a. d. D. Sch. 1897. X. S. 178; Verh. Ges. f. E. Berlin 1898. S. 308.
[153]) Baumann, P. G. M. Erghft. 111, Karte Blatt 4.
[154]) Ramsay, Verhd. Ges. f. E. Berlin 1898. S. 308.
[155]) Baumann, Durch Massailand S. 78.

Steilufer erhoben sich zu 3 m Höhe, und an Flutmarken war deutlich zu erkennen, dass der Fluss in der Regenzeit diese Rinne voll ausfüllt.[156]

Von links fliessen dem Ruvuvu zahlreiche Gewässer zu, deren Lauf tief in die Hochebene von Urundi eingeschnitten ist und von breiten Papyrussümpfen begleitet wird, so der Nyavayengo auf der Baumannschen Route und der etwa 10 m breite und 1,2 m tiefe Kissanje, der in einem gegen 200 m breiten, mit Papyrus angefüllten Thale fliesst und die Grenze zwischen Urundi und Bugufi bildet. Alle diese Flüsse fliessen in grossen Bogen nach Süden und brechen dann, gewöhnlich scharf nach Osten umbiegend, durch den Höhenzug, der sie vom Ruvuvu trennt.[157]

Scott Elliot, der den Fluss unterhalb der Mündung des aus Ussui kommenden Issamburu in 1340 m Höhe überschritt, fand den Ruvuvu als einen ansehnlichen Wasserlauf von mindestens 36 m Durchmesser mit einem schmalen Papyrussaum und Alluvialufern von 1,2—1,5 m (4—5 engl. Fuss) Höhe. Die Strömung betrug etwa 1½ Seemeilen in der Stunde (= 46 m in der Min.), und das Bett war sehr tief.[158]

Kurz vor seiner Mündung in den Kagera besass der Ruvuvu Anfang März 1897 eine Tiefe von 5,5 m, eine Breite von 29 m und eine Stromgeschwindigkeit von etwa 55 m in der Min.[159] Die Vereinigung der beiden Flüsse findet inmitten breiter Papyrussümpfe statt, welche die ganze Thalsohle erfüllen;[160] aus dieser verschilften, seeartigen Erweiterung tritt der Kagera heraus, überwindet einige Stromschnellen und drängt dann seine schmutzigbraunen Fluten durch eine nur 20 m breite Klamm. Mit riesigem Getöse stürzt er etwa 10 m herab in eine eigentümliche, kleine, viereckige Flusserweiterung, wohl einen Erosionskessel, und bildet

---

[156] Ebenda S. 146; P. G. Erghft 111 S. 6.
[157] Ramsay. Verh. Ges. f. E. Berlin 1898. S. 309.
[158] Scott Elliot, a. a. O. S. 253.
[159] Ramsay, a. a. O. S. 310.
[160] Ramsay, Mitt. a. d. D. Sch. 1897. X. S. 178.

dann einige hundert m unterhalb nochmals Stromschnellen, die aber nicht Fälle genannt werden können, und tritt damit in den Mittellauf des Stromsystems ein.[161]) Nach den Messungen Ramsay's ist der Kagera etwa 100 m oberhalb der Ruvuvu-Mündung 6 m tief, 35 m breit und hat eine Stromgeschwindigkeit von 41 m in der Min.; gleich nach der Vereinigung ist der Fluss 6,75 m tief, wird dann aber flacher bis 5 und 5,5 m, etwa 100 m unterhalb beträgt seine Breite 50,5 m.[162])

b. Der Mittellauf in der Längsrichtung (Süd-Nord).

Nachdem der Nyavarongo-Kagera den Akanyaru und den Ruvuvu in sich aufgenommen hat, tritt er in die breite, sich in meridionaler Richtung erstreckende Thalsenke ein, die diesem Abschnitt des Flusslaufes in ihrer besonderen Eigenart das Gepräge verleiht: bei geringem Gefälle eine Neigung zu Stromverlegungen und in der Folge davon zur Bildung von Stromlagunen. Dieser Abschnitt umfasst die rund 170 km lange Stromstrecke von den Wasserfällen bis zum grossen Knie bei Latoma.

Nach seinem Austritt aus der Felsklamm hält der Fluss seine östliche Stromrichtung noch auf etwa 7 km ein, um dann plötzlich nach Norden umzubiegen. Dieser Flussabschnitt ist uns durch die Expedition des Grafen von Götzen näher bekannt geworden. Während des Überganges der Expedition über den hier in 1330 m Seehöhe fliessenden Kagera am 2. Mai 1894 besass der Fluss eine Gesamtbreite von etwa 250 m, von der aber nur 35 m auf die freie, nicht verschilfte Wasserfläche, den eigentlichen Stromlauf entfielen, während auf den restlichen 215 m das Wasser durch die hohen Papyrusdickichte zu beiden Seiten

---

[161]) Graf v. Götzen, a. a. O. S. 151—153; Ramsay, Verh. Ges. f. E. Berlin 1898. S. 310.
[162]) Ramsay. Verh. Ges. f. E., Berlin 1898. S. 310.

sickerte. Auf dem rechten Ufer reichte der Laubbusch von der Höhe bis an das Überschwemmungsgebiet heran, auf dem linken Ufer stieg das Land zuerst sanft an, dann aber erhob sich der Boden mit stärkerer Steigung zu der gänzlich baumlosen Hochtafel von Ruanda, deren oberer Rand fast geradlinig wie der Wall einer Riesenfestung abgeschnitten ist.[163]) Derselbe besitzt einen deutlich aufgewulsteten Rand, der durch die Dulenge-Berge gebildet wird.[164])

Die rund 80 km lange Stromstrecke von der südlichen Krümmung bis zum Windermere- oder Ruanyana-See ist von Stanley gelegentlich seiner zweiten grossen afrikanischen Reise im Jahre 1876 erforscht und zum grossen Teil befahren worden.

Der Kagera fliesst zunächst in ausgesprochen nördlicher Richtung; auf seinem rechten Ufer durch eine Bergreihe vom eigentlichen Flussthal getrennt verläuft in parallelem Zuge eine Thalfurche, anscheinend eine alte Erosionsrinne, von der es aber zweifelhaft ist, ob sie der Kagera gegraben hat. Die trennende Schranke wird durch eine Anzahl in einer Reihe angeordneter, hoher, abgestumpfter Bergkegel gebildet, die in einander merkwürdig ähnlichen Formen bis zu derselben Höhe wie die grasreichen, sich an ihren Seiten hinziehenden Tafelränder emporsteigen und augenscheinlich einen von diesen abgetrennten Streifen darstellen.[165])

Eine alte verlassene Stromrinne zeigt sich am Nordende der erwähnten Bergreihe in einer Reihe von Stromlagunen, deren südlichste und bedeutendste, der Uhimba-See, nach Stanley[166]) ein breites, flussähnliches Gewässer darstellt, das noch jetzt vom Kagera Zufluss erhält. Zur Zeit hohen Wasserstandes mit diesem verbunden erscheinen nach den Aufnahmen Stanley's in nordnord-

---

163) Graf v. Götzen, a. a. O. S. 151.
164) Ebenda S. 153.
165) Stanley, Durch den dunklen Weltteil I, S. 518.
166) Ebenda. S. 517.

östlicher Richtung zunächst ein kleinerer und dann wieder ein grösserer langgestreckter See, die beide deutlich den Charakter eines alten Flusslaufes zeigen. Bevor der Kagera am Südende des Uhimba-Sees sich das heutige Bett grub, war er der Tendenz der Stromverlegung nach Westen bereits vor seinem Eintritt in den nördlichsten See gefolgt, wie ein schmales, langes Altwasser in meridionaler Richtung deutlich verrät. Ein kleiner, sichelförmiger See ferner zwischen dem Nordende des Uhimba-Sees und der heutigen Flussrinne in ostwestlicher Erstreckung giebt einen Anhalt dafür, dass der Kagera an dieser Stelle eine alte, starke Krümmung wieder ausgeglichen hat.

In etwa gleicher Höhe mit der nördlichsten vorerwähnten Stromlagune breitet sich auf dem linken Flussufer das ansehnliche Becken des Ihema-Sees aus, dessen Oberfläche von Stanley auf 50 engl. Quadratmeilen (140 qkm) geschätzt wird. Das Wasser des Sees, der bei Hochwasser vom Kagera Zufluss erhält, hatte einen guten Geschmack und zeigte die gleiche trübe, bräunliche Eisenfarbe wie die Fluten des Stromes. Nahe dem Westufer des Sees, über dem die Steilhänge der relativ etwa 100 m hohen Muwari-Berge aufsteigen, liegt eine kleine Insel, die aus altkrystallinischen Schiefern aufgebaut wird und nur mit einer dünnen Alluvialschicht bedeckt ist.[167]

Ob der Kagera einst durch den Ihema-See geflossen ist oder gelegentlich noch fliesst, erscheint bei der Gestalt des Sees und in anbetracht der bergigen Umrandung eines grossen Teils seines Südufers, wie dies vermutungsweise die meisten Karten darstellen, ungewiss, doch dürfte die Annahme, dass dies thatsächlich geschehen sei, nicht ganz von der Hand zu weisen sein, wenn man die langgestreckte, einem abgeschnürten Altwasser ähnliche Gestalt des sumpfigen Ssangwe-Sees, nordwestlich vom Uhimba-See, ins Auge fasst. Die hydrographischen Verhältnisse in diesem

---

[167] Stanley, a. a. O. I. S. 503.

breiten Sumpfthale sind allerdings in ihren Einzelheiten noch zu
wenig erforscht, um von ihnen ein klares Bild geben zu können.
Oberhalb des Ihema-Sees entdeckte Stanley eine schmale, sich
durch die Berge windende Bucht, die zu einem flussähnlichen,
5 engl. Meilen (8 km) langen See führte, aus dem die Boote
durch einen zweiten Krieck zu der kleinen Grasinsel Unyamubi
gelangten.[168] Die Darstellung im Text und auf der Karte weicht
hier, wenn man besonders die Lage des von Stanley erstiegenen
Aussichtspunktes in Betracht zieht, soweit von einander ab, dass
es kaum möglich erscheint, eine deutliche Vorstellung der Verhältnisse zu gewinnen.

Das Flussthal, das den ganzen Raum vom Fuss der Muwari-
Berge im Westen bis zur Scholle von Karagwe ausfüllt, besitzt
nach Stanley eine wechselnde Breite von 1 bis 9 engl. Meilen
(1,6 — 14,5 km). Die Breite des Kagera selbst schwankt zwischen
45 und 90 m, die mittlere Tiefe betrug nach 10 Lotungen in der
Mitte des Flussbettes 52 engl. Fuss oder rund 16 m (!?), dicht
an den Papyruswänden, welche die Ufer in breitem Saume begleiten, ergab sich eine Tiefe von nur noch 9 engl. Fuss (2,75 m).
Die Stromgeschwindigkeit war trotz des geringen Gefälles — wenn
die Messung oder Schätzung Stanley's annähernd korrekt war —
sehr bedeutend; sie betrug angeblich $2\frac{1}{2}$ Knoten in der Stunde
d. h. 75 m in der Minute.[169]

Bevor ich in der Beschreibung des Flusslaufes und seiner
Nebenbildungen fortfahre, muss ich mich einem Seebecken zuwenden, das im Gegensatz zu den bisher erwähnten Seebildungen
seine Entstehung nicht dem Kagera verdankt. Es ist der am
Westrand der Karagwe-Scholle eingebettete, von Speke und Grant
entdeckte Windermere-See, wie ihn Grant im Gedenken seiner
schottischen Heimat nannte, von den Eingeborenen Ruanyana-
(Kälber-) oder Kasingeni-See genannt, der von der Natur mit

[168] Stanley, a. a. O. I. S. 503.
[169] Ebenda. I. S. 501.

einer reichen Fülle der herrlichsten Reize ausgestattet ist. Fast
alle Reisenden, die Karagwe durchzogen, haben auch den Ruanyana-
See kennen gelernt und seine Naturschönheiten gepriesen, denn
die grosse Strasse von Süd nach Nord führte über das dicht am
See gelegene Weranyan'ye, einst die Residenz des berühmten Rumanika und auch heute noch der Sitz des Oberhäuptlings von Karagwe.

Der See füllt einen durch tektonische Vorgänge gebildeten
Hohlraum, ein Einbruchsbecken, aus und ist, wie bereits früher
ausgeführt, in zwei sich nahezu rechtwinklig kreuzenden Axen angeordnet. Mit vier langgestreckten Zipfeln greift der See weit in
die Bergthäler hinein. Die Berge fallen fast unmittelbar zu ihm
ab und lassen nur hier und da ein kleines Vorland frei. Der
Boden des Ufersaums ist meist stark eisenrot gefärbt und bringt,
die Umgebung der Dörfer ausgeschlossen, nur Euphorbien, dornige
Gummibäume, Akazien und aloeartige Pflanzen hervor. Die grösste
Längserstreckung des Sees von Nord nach Süd beträgt während
der Regenzeit etwa 13 km, die Breite der Seezipfel 4 km. Drei
Tiefenmessungen Stanley's ergaben 48, 44 und 45 engl. Fuss
(14,5, 13,5 und 13,75 m). Das Ufer ist besonders im Süden mit
einem dichten Gürtel von Papyrus und Schilf umgeben; im Südabschnitt der Nordbucht liegt dem östlichen Uferrande angelagert
die kleine Kankorogo- oder Kadyunyu-Insel, neben der noch einige
kleinere Eilande, deren Lage von den Reisenden nicht näher angegeben ist, vorhanden zu sein scheinen. Im Westen führt ein
450—730 m breiter Seearm, der sich in enger Schlucht zu einem
schmalen Kanal zusammenzieht in das breite Kagera-Thal. Durch
diesen schmalen Arm kommunizieren See und Fluss mit einander,
und je nach der Wasserfülle des Letzteren strömt das Flusswasser
in den See oder umgekehrt das Seewasser in den Fluss; der See
übt also für den Fluss eine regulierende Thätigkeit aus.[170]

---

[170]) S p e k e, a. a. O. S. 202, 219; G r a n t, a. a. O. S. 148; S t a n l e y,
a. a. O. I, S. 495. 500; S t u h l m a n n, a. a. O. S. 228—230; S c o t t
E l l i o t a. a. O. S. 248, 251.

Von der Einmündung des Ruanyana-Kanals an nimmt der Kagera eine nordwestliche Richtung bis zu der Ecke, wo der Ruanyana-Bergzug an den Fluss von Osten herantritt; es ist dies ein noch gänzlich unerforschter Flussabschnitt. Daneben erstreckt sich in genau nördlicher Richtung eine breite Senke, die im Norden bei ihrem Herantreten an die Wugoie-Scholle von einer zweiten Ost-West bez. Ostsüdost-Westnordwest verlaufenden Senke gekreuzt wird. Beide Thalzüge sind in ihrer ganzen Breite (3—8 km) mit dichten Papyrussümpfen (Funzo) bedeckt, aus denen hier und da der helle Spiegel eines offenen Wasserbeckens (Rweru) hervorleuchtet. Diese sind vor allem in der Ost-West verlaufenden Senke zahlreicher und deutlicher ausgebildet. Die grösste Ausdehnung besitzt der Karaingy-See mit schwimmenden Inseln und dichtem Papyrussaum, ein vermutlich sehr seichtes Becken. Den östlichen Abschluss bildet der Ruavetokosi- oder Rokira-See (auch Kyivetokosi- und Ikira-See genannt), der 3—4 km breit und gleichfalls am Rande mit Papyrus bestanden ist. Nach den an seinem Rande vorhandenen Spuren hat das Wasser im See und demnach auch in der ganzen Thalniederung höher gestanden. Alle diese Seeen stehen bei Hochwasser mit einander in Verbindung und wässern westwärts zum Kagera ab oder nehmen die Hochflut des Kagera von Süden her in sich auf.[171])

Im letzten Abschnitt des Mittellaufes von den Sumpfseeen bis zur grossen Krümmung bei Latoma fliesst der Kagera in nordnordwestlicher Richtung. Die eigentliche alluviale Thalsohle verengt sich auf etwa $1\frac{1}{2}$ km Breite, sie bildet in der trockenen Jahreszeit eine Grassavanne mit eingestreuten Dornbäumen; auf vielen Strecken wird der Fluss von einem schmalen Galleriewalde begleitet.[172]) Bei dem Dorfe Kayousa, wo Stuhlmann auf dem Rückmarsche zur Küste den Kagera überschritt, war der Fluss Anfang Februar 1892 in seinem offenen Teile gegen 40 m breit

---

171) Stuhlmann, a. a. O. S. 244—245; Scott Elliot, a. a. O. S. 242;
172) Scott Elliot, a. a. O. S. 237—238.

und besass an jedem Ufer noch einen etwa 60 m breiten sumpfigen Saum von Papyrus.[173])

Über den Zufluss, den der Kagera in seinem Mittellaufe aus Ruanda erhält, ist uns nichts näheres bekannt; derselbe muss sehr beträchtlich sein, da das westwärts aufsteigende Land nur zum Kagera abwässern kann und, wie wir gesehen haben, sehr beträchtliche Niederschläge empfängt. Ähnlich wie in Kissakka und Karenge scheinen auch in Nord-Ruanda in den eingeschnittenen Thälern zahlreiche See- und Sumpfbildungen vorzukommen. Langheld berichtet von vielen Papyrussümpfen und einem grossen Gebirgssee in diesem Gebietsabschnitt.[174])

c. Der Mittellauf in der Querrichtung (West-Ost).

Bei Latoma unweit des 1. Parallelkreises s. Br. erfährt der Kagera-Nil plötzlich eine Veränderung seiner Stromrichtung, indem er mit einem scharfen Knick nach Osten umbiegt. Der grosse meridionale Graben, dem der Fluss bis hierher gefolgt war, findet im Bergland von Mpororo, den südlichen Ausläufern des Ruampara-Gebirges, seinen Abschluss und wird an dieser Stelle nahezu rechtwinklig von einem in westöstlicher Richtung verlaufenden Bruch gekreuzt. Dass wir es hier mit einer Bruchspalte zu thun haben, wird uns nachdrücklich von Stuhlmann bestätigt, der auch von dem Thalabschnitt bei Kavingo eine anschauliche bildliche Darstellung, in der sich der Charakter des Bruchrandes deutlich ausprägt, gegeben hat.[175])

In diesen durch das Bodenrelief gegebenen Weg biegt der Kagera ein und fliesst zunächst gegen 35 km bis unterhalb der Nssungessi-Fähre in östlicher, dann rund 70 km bis Kitangule in südöstlicher Richtung zwischen hohen Bergen · in allmählich sich weitender Thalfurche.

---

[173]) Stuhlmann, a. a. O. S. 661.
[174]) Langheld, a. a. O. S. 73.
[175]) Stuhlmann, a. a. O. S. 249, 247.

An der grossen Krümmung war der Kagera im August 1894
also in trockener Jahreszeit 36,5 m breit und sehr tief und hatte
eine mässig schnelle Strömung von etwa 2 Seemeilen in der
Stunde (= 60 m in der Min.). Zu beiden Seiten begleitete das
freie Stromwasser ein etwa 75 m breiter Papyrussaum. An dieser
Stelle mündet von links der 12 m breite und 0,6 m tiefe Kakitumba ein, der in westöstlichem Laufe den westlichen Teil der
Grabensohle, die anscheinend einen alten Seeboden darstellt, entwässert.[176] Wenig unterhalb bei Kavingo (1310 m) fand Stuhlmann in der ersten Hälfte April 1891 die Strombreite auf 50 bis
60 m angewachsen; der Fluss wälzte seine gelben Fluten zwischen
hohen Papyruswänden in schnellem Laufe dahin. Eine Lotung
wurde leider nicht vorgenommen.[177]

Der Fluss durchschneidet die etwa 15 km breite, von hohen
Bergen umrandete Ebene von Iwanda und durchbricht dann die
im Osten zusammenschliessenden Bergzüge. An der Nssungessi-
Fähre (1265 m), wo Stanley Ende Juli 1889 mit Emin Pascha
über den Fluss ging, war dieser etwa 115 m breit, im Durchschnitt 3 m tief und floss mit einer Geschwindigkeit von 3 Knoten
in der Stunde (90 m in der Min.).[178]

Über den letzten Abschnitt des Mittellaufes bis Kitangule
ist wenig bekannt; Scott Elliot kreuzte den Fluss bei Kitoboko
(am 16. März 1894) hat aber keine näheren Beobachtungen veröffentlicht, und durch Langheld, der am Fluss entlang marschierte,
erfahren wir nur, dass sich auf dieser Strecke viele Katarakte
finden, welche eine Befahrung des Stromes unmöglich machen.[179]
Vom Südabhange des Ruampara-Gebirges wie auch aus Karagwe
fliessen dem Kagera einige kleinere Gewässer zu, die dessen
Wasserführung kaum merklich beeinflussen werden.

[176] Scott Elliot, a. a. O. S. 236.
[177] Stuhlmann, a. a. O. S. 249.
[178] Stanley, Im dunkelsten Afrika II, S. 348.
[179] Langheld, a. a. O. S. 73.

d. Der Unterlauf.

Von den Kamha-Bergen am Nordostrande von Karagwe dehnt sich ostwärts eine weite, wasserlose Ebene, die sich nach Osten verbreiternd im Süden durch den Steilabfall der Bhamira- und der Usiba-Scholle, im Norden durch die Höhenzüge vom Süd-Buddu begrenzt wird. In diese Ebene tritt der Kagera ein, um seine Gewässer zunächst in östlicher, dann in nordöstlicher Richtung fliessend dem Viktoria-Nyansa zuzuführen. Diese weite Ebene ist nach der Ansicht Stuhlmann's und Scott Elliot's ein alter Schwemmboden, der in früheren Zeiten von einem Seearm des Viktoria-Nyansa bedeckt wurde.[180]) Auf diese Verhältnisse werde ich im folgenden Abschnitt näher eingehen.

Die Fährstelle von Kitangule (1200 m), die den Verkehr von Karagwe nach Uganda vermittelt, ist durch den Besuch vieler Reisender von Speke bis zu den militärischen Expeditionen der jüngsten Zeit näher bekannt geworden. In die breite Alluvialebene, die vollkommen flach und mit Gras und Gestrüpp bestanden ist, hat der Fluss sich 10—15 m tief eingeschnitten. Die Breite des Stromes beträgt 60—70 m, Oberst von Trotha schätzte sie Ende August 1896 in trockenster Jahreszeit nur auf 30—35 m; seine Tiefe ist bedeutend, jedoch bis jetzt noch nicht genau erlotet, Grant glaubte, sie auf 5—6 Faden (9—11 m) veranschlagen zu dürfen. Die Strömung ist ziemlich stark, oft reissend, und wird von Speke, Grant und Stanley auf 3—4 Knoten in der Stunde (= 90—120 m in der Min.) geschätzt. Ein breiter Papyrussaum begleitet den Fluss auf beiden Ufern. Das Wasser besitzt eine matte Eisenfarbe, ist sonst aber recht klar.[181])

Etwas unterhalb von Kitangule mündet von rechts der Muisa ein, der bei starker Regenzeit den Luenssinga-See zum Kagera

---

[180]) Stuhlmann, a. a. O. S. 220; Scott Elliot. a. a. O. S. 39—40.
[181]) Speke, a. a. O. S. 262—263; Grant, a. a. O. S. 193—194, Stanley, Durch den dunklen Weltteil I, S. 490—491; Stuhlmann, a. a. O. S. 202; v. Trotha, a. a. O. S. 58.

entwässert, in der übrigen Zeit aber nur eine trockene Rinne bildet. In wasserreichen Jahren soll ferner der in der gleichen Grabensenke gelegene Urigi-See mit dem Luenssinga-See in Verbindung treten; die Angaben der Eingeborenen, die Stuhlmann befragte, lauteten allerdings in diesem Punkte sehr unbestimmt,[182]) auch Scott Elliot spricht die Vermutung aus, dass der Urigi-See keinen Ausfluss zum Viktoria-Nyansa besitzt,[183]) während Speke eine Verbindung mit dem Kagera erkundete.[184]) Seit Speke's Besuch ist der See merklich zusammengeschrumpft, doch scheint dieser Schrumpfungsprozess nach dem Zeugnis der Eingeborenen in sehr bemerkbarer Weise schon weit früher begonnen zu haben. Dies bemerkte auch Stanley, der von dem See eine anschauliche Schilderung giebt: Der Urigi-See sieht von Useni oder Kavari sehr hübsch aus. Seine hügelige Umrahmung ist zu dieser Zeit (August) in ein volles Braun getaucht, in welchem zerstreut kleine Strecken dunkelgrüner Büsche liegen: das Wasser hat infolge des klaren, blauen Himmels eine hellblaue Farbe. Die zurücktretenden Gewässer des Sees haben an beiden Seiten desselben und an den weit ins Innere der Thäler hinein sich erstrekenden Buchten flache Ebenen zurückgelassen, die von zahlreichen Schwimm- und Watvögeln bevölkert sind. Der See mass zu jener Zeit etwa 40 km in der Länge und $1/2 - 5$ km in der Breite und lag ungefähr 360 m unter dem Durchschnittsniveau der ihn umgebenden kahlen Grasberge.[185]) Herrmann, der den See im November 1892 besuchte, fand ihn noch weiter eingetrocknet und bezeichnet ihn als ein „elendes Gewässer." Sein Wasser war schwach salzig, gerade so, dass die Neger es noch schmeckten.[186]) Dieser wahrgenommene Salzgehalt weist recht deutlich darauf hin, dass die Verbindung

---

[182]) Stuhlmann, a. a. O. S. 222.

[183]) Scott Elliot, a. a. O. S. 245.

[184]) Speke, a. a. O. S. 197.

[185]) Stanley, Im dunkelsten Afrika. II. S. 375—376.

[186]) Herrmann, Bericht über die Reise von Bukoba zum Urigi-See. D. K. Bl. 1893. IV. S. 196.

mit dem Luenssinga-See und dem Kagera bereits längere Zeit unterbrochen gewesen ist. Vermutlich wird der Urigi-See ähnlich dem Rikwa-See nach und nach ganz austrocknen, wenn ihm nicht durch besonders regenreiche Jahre eine grössere Niederschlagsmenge zugeführt werden kann.

Gleichfalls in meridionaler Richtung zwischen der Jhangiro-Scholle und der östlichen Randscholle eingeschnitten verläuft das breite Flussthal des N g o n o oder Kinyavassi, des letzten bedeutenderen Zuflusses des Kagera-Nil. Dieser Flusslauf hat eine Länge von rund 100 km, er ist bereits unweit seiner Quelle schon sehr wasserreich und empfängt weiterhin von beiden Seiten, sowohl von der Jhangiro-Scholle als auch vom Randgebirge zahlreiche Zuflüsse. Im Februar 1891 war der Ngono in seinem Mittellauf, wo ihn Stuhlmann überschritt, nur etwa knietief und 10—12 m breit, im gleichen Monat des folgenden Jahres dagegen bedeutend angeschwollen und 1—1,5 m tief. Zwischen dem Ngono und dem Kagera dehnt sich westlich eine weite, mit Gras und dünnem Busch bedeckte Ebene, die zur Regenzeit überschwemmt sein soll. Durch diese fliesst nach Angabe der Eingeborenen der Bach in versumpfter Niederung dem Kagera zu.[187]

Westlich des Ngono, von diesem nur durch eine flache Wasserscheide getrennt, entdeckte Stuhlmann den von Berghöhen umschlossenen I k i m b a - S e e, dessen Hauptausdehnung in der Richtung Südwest-Nordost zu liegen und etwa 10 km zu betragen scheint, während die Breite etwas geringer ist. Im Süden schliesst sich eine versumpfte Ebene an, durch die ein kleiner Bach fliesst. Nach den übereinstimmenden Aussagen der Eingeborenen soll ein Ausfluss nicht vorhanden sein. Das Ufer besteht an der Nordseite aus schlammigem Sand und weist eine scharf abfallende Uferterrasse, die 1,8 m über dem Wasserspiegel gelegen ist, auf, ein deutliches Zeichen, dass der See einst höher gestanden hat.[188]

---

[187] Stuhlmann, a. a. O. S. 218, 666; v. Trotha, a. a. O. S. 50.
[188] Stuhlmann, a. a. O. S. 219.

Nach der kartographischen Darstellung öffnet sich nach Nordwesten ein Ausgang zum Kagera, der jedenfalls die Verbindung zwischen Fluss und See in früherer Zeit vermittelt haben wird.

Der letzte Abschnitt des Flusses, von Kituntu bis zur Mündung, ist im Oktober 1892 vom Grafen v. Schweinitz befahren und aufgenommen worden. Die Steilufer, zwischen denen der Kagera fliesst, nehmen nach dem See zu allmählich an Höhe ab und verringern sich von 20 m auf 3 m und schliesslich 2 m. Der Fluss führt eine mächtige Wassermasse mit sich, er ist meist mehrere hundert Meter breit und hat eine freie Wasserfläche von 80—100 m Breite. Der Rest des Flussbettes ist mit Papyrus erfüllt, der manchmal eine Breiten-Ausdehnung von 1000 m und darüber gewinnt. Die grössten Tiefen betrugen 10—12 m, an dem Papyrusrande war der Fluss noch 4 m tief; die Tiefe nimmt dann aber nach der Mündung hin ab. Der Fluss windet sich mit reissender Strömung in grossen Kurven durch die Niederung und mündet jetzt nicht mehr wie zu Stanley's Zeit mit einer einzigen breiten Mündung, sondern in drei Armen, von denen der grösste gegen 100 m breit ist, in den Viktoria-Nyansa. Sämtliche Arme besitzen an ihrer Mündung eine starke Barre, auf der das Wasser so niedrig ist, dass die Ruderbote überall auflaufen. Die Kagera-Mündung ist im See deutlich erkennbar, und die nach Norden setzende Strömung führt das etwas trübe Wasser und die zahlreichen treibenden Schilfstücke und runde kleine Stratiotes-Pflanzen weit an der Küste von Buddu entlang.[189]

[189] Graf v. Schweinitz. Über eine Fahrt auf dem Kagera. D. K. Bl. 1893. IV. S. 164; Deutsch-Ost-Afrika in Krieg und Frieden S. 143 (Die Zahlen für die Breite des freien Wassers im Kageralauf stimmen in den beiden Berichten nicht überein: 80—100 m und 50—80!); Stuhlmann, a. a. O. S. 144, 168.

VI. Vergleichende Betrachtung des Stromsystems.

Unsere lückenhafte Kenntnis der einzelnen Flussabschnitte
gestattet es natürlich nicht, eine Vergleichung der einzelnen Werte
und Eigenschaften des Kagera-Nil mit der gleichen Schärfe durch-
zuführen, wie es bei der Untersuchung eines genau aufgenommenen
und nivellierten europäischen Flusslaufes, dessen Pegelstände und
Stromgeschwindigkeit regelmässig beobachtet worden sind, möglich
wäre. Die Verhältnisse der Lauflänge, des Gefälles, der Breite,
Tiefe und Stromgeschwindigkeit, die z. T. bereits in dem vorher-
gehenden Abschnitt genannt wurden, sind von mir in den nachstehenden Tabellen zur Vergleichung nebeneinander gestellt worden.
Die darin gegebenen Werte der Lauflänge vor allem können nur
mit gewissen Einschränkungen geboten werden: einmal sind, wie
bereits wiederholt hervorgehoben wurde, Nyavarongo-Kagera,
Akanyaru und Ruvuvu keineswegs in ihrer gesamten Erstreckung
kartographisch genau festgelegt, sodann haben die jüngsten Expeditionen (v. Trotha und Ramsay) ganz nennenswerte Veränderungen
des von Richard Kiepert in seiner grossen „Karte von Deutsch-
Ostafrika" gegebenen Bildes verursacht, so besonders die Verlegung
des Unterlaufes des Akanyaru. Bedauerlicher Weise sind die
kartographischen Ergebnisse dieser Expeditionen der Öffentlichkeit
noch nicht übergeben.

Zur Ermittelung der Lauflängen bediente ich mich des von
Prof. Dr. W. Ule konstruierten Polarkurvimeters, mit dem ich die

auf den Blättern *A* 1 und 2 und *B* 1 und 2 der genannten Karte
dargestellten Stromstrecken ausmass, dabei aber nach Möglichkeit
die oben gedachten Korrekturen berücksichtigte, was natürlich nicht
ohne eine gewisse Willkürlichkeit durchgeführt werden konnte.
Die Unsicherheit dieser Masse beeinflusst folgegemäss auch die
Werte des Gefälles. Für Breite, Tiefe und Stromgeschwindigkeit
wurden die von den einzelnen Beobachtern gemessenen oder ge-
schätzten Werte eingetragen und diesen Daten die Zeit der
Beobachtung beigefügt, da die in diesen Zahlen ausgeprägte
Wasserführung des Stromes jahreszeitlich differenziert ist.

Nyavarongo-Tabelle s. S. 68.

Der Nyavarongo zeigt sich als ein zwischen Bergen tief ein-
geschnittener Wasserlauf mit grossem Gefälle und durchweg starker
Strömung; sein von Ramsay beobachteter, verhältnismässig niedriger
Wasserstand mag jedenfalls auf geringere Niederschläge im März
gegenüber denen des Mai zurückzuführen sein. Die beiden Über-
gangsstellen des Grafen v. Götzen weisen einen Vertikal-Abstand
von 80 m auf. Die Gesamtlänge des Nyavarongo-Kagera von der
Quelle bis zur Einmündung des Ruvuvu dürfte etwa auf 300 km
zu schätzen sein.

Akanyaru-Tabelle s. S. 69.

Der Akanyaru besitzt gleichfalls ein namhaftes Gefälle und
ist in seinem Oberlauf selbst noch im September, also im Ausgang der trockensten Jahreszeit, ein reissendes Gewässer. In
seinem Unterlaufe ist die Stromgeschwindigkeit nur gering, das
Gefälle kann also auf der Strecke zwischen dem Uruguero-See und
der Mündung in den Nyavarongo nicht gross sein. Aus diesem
Grunde muss ich die Höhenmessung des Obersten v. Trotha für
den Uruguero-See mit 1426 m als nicht einwandsfrei ansehen.
Graf v. Götzen, der etwa 10 km stromaufwärts von der Mündungs-
stelle des Akanyaru über den Nyavarongo ging, ermittelte eine
Höhe von 1370 m, wir können also für den Vereinigungspunkt
der beiden Flüsse etwa 1360 m in Ansatz bringen. Es würde

Nyavarongo-Tabelle.

Ort	Höhe	Horizontal-Abstand	Vertikal-Abstand	Breite	Tiefe	Strom-geschwindigkeit	Zeit	Beobachter
	m	km	m	m	m		Zeit	
Westlicher Übergang der Expedition v. Götzen	1450	—	—	30-40	—	—	Mai 1894	Graf v. Götzen
Östlicher Übergang der Expedition v. Götzen	1870	—	80	40	4-5	reissend	,,	,,
Vor Aufnahme des Akanyaru .	[1360]	—	[10]	36	1,8-2	stark	März 1897	Ramsay
Nach Aufnahme des Akanyaru	,,	—	—	41	—	—	,,	,,

Akanyaru-Tabelle.

Ort	Höhe m	Horizontal-Abstand km	Verti-kal-Ab-stand m	Breite m	Tiefe m	Strom-geschwindig-keit	Zeit	Beobachter
Oberlauf	—	—	—	3-4	1	—	März 1897	Ramsay
Baumanns West-Übergang in Intaganda	1460	—	—	—	(durch-watbar)	reissend	Septbr. 1892	Baumann
Baumanns Ost-Übergang in Intaganda	1450	—	10	10	5	„	„	„
Vor der Mündung	[1360]	—	[90]	43	1,75-3,75	gering	März 1897	Ramsay

sich sonach für die anscheinend doch nur sehr kurze Strecke vom Uruguero-See bis zur Flussmündung ein Vertikal-Abstand von 66 m ergeben, der eine ausserordentlich starke Stromgeschwindigkeit verursachen müsste. Diese ist jedoch, wie bereits ausgeführt, nicht vorhanden. Ich möchte vielmehr die Ausgleichung des grossen Niveauunterschiedes von etwa 90 m zwischen Baumanns Übergang in Intaganda (1450 m) und der Mündung (1360 m?) vornehmlich an der Stelle suchen, wo der Akanyaru aus seinem östlichen Laufe nach Norden umbiegt. Der Fluss tritt hier anscheinend in eine der grossen meridionalen Bruchspalten ein, und dieser Eintritt dürfte in ähnlicher Weise, wie dies bei dem Kagera in untergeordneterem Masse der Fall ist, nach Bildung mehrerer kleiner Thalstufen oder möglicher Weise auch in einem jähen Sprunge erfolgen. Die Länge des Akanyaru-Thales kann auf rund 160 km geschätzt werden; in diese Zahl sind die vermutlich recht bedeutenden Kurven des Unterlaufes jedoch nicht einbegriffen.

Ruvuvu-Tabelle s. S. 71.

Als echter Gebirgsbach rauscht der Ruvuvu in seinem Oberlaufe mit starkem Gefälle zu Thal; dasselbe beträgt während der ersten 17 km nahezu 18 m und während der folgenden 28 km 10 m auf 1 km. Nach Aufnahme des Luvironza wird der Ruvuvu schon zu einem stattlichen Fluss von 25—30 m Breite; er vergrössert sein Volumen durch Aufnahme zahlreicher kleinerer Zuflüsse und erhöht seinen Wasserschub bis auf 55 m in der Minute. Der Fluss weist ziemlich gleichmässige Verhältnisse auf: bei einer allmählichen Veringerung seines Gefälles eine stetige Zunahme an Breite und Tiefe. Die Lauflänge beziffert sich auf 225 km, das mittlere Gefälle beträgt rund 3,5 m auf 1 km.

Kagera-Tabelle s. S. 72.

Eine charakteristische Eigentümlichkeit des in meridionaler Richtung strömenden Mittellaufes ist das ausserordentlich geringe Gefälle auf dieser rund 150 km langen Stromstrecke; der Vertikal-Abstand zwischen der Übergangsstelle des Grafen v. Götzen und

Ruvuvu-Tabelle.

Ort	Höhe m	Horizontal-Abstand km	Vertikal-Abstand m	Mittl. Gefälle auf 1 km m	Breite m	Tiefe m	Strom-geschwindigkeit m i. d. Min.	Zeit	Beobachter
Quelle	2120	—	—	—	0,5	—	—	Septbr. 1892	Baumann
Oberlauf	1820	17	300	11,5	5	—	stark	„	„
In Uhiga	1540	28	280	10	—	—	—	„ 1894	Scott Elliot
Nach Luvironza-Mündung .	—	—	—	—	25-30	(nicht durchwatbar)	schnell	März 1897	Ramsay
Bei Ruanilo-Fähre . . .	1410	112	130	1,1	35	3	reissend	Septbr. 1892	Baumann
Im Unterlauf. . . .	1340	43	70	1,6	36	(sehr tief)	46	„ 1894	Scott Elliot
Vor der Mündung . . .	1340	25	0	?	29	5,5	55	März 1897	Ramsay

Kagera-Tabelle.

Ort	Höhe m	Horizontal-Abstand km	Vertikal-Abstand m	Mittl. Gefälle auf 1 km m	Breite m	Tiefe m	Stromgeschwindigkeit m i. d. Min.	Zeit	Beobachter
Oberhalb Ruvuvu-Mündung	—	—	—	—	35	6	41	März 1897	Ramsay
Unterhalb „ „	1340	—	30	—	50,5	6,75	(stark)	Mai 1894	Graf v. Götzen
Übergang d. Graf v. Götzen	1330	9,5	10	1,0	35	—	„	„	„
Am Ruanyana-See	—	—	—	—	45-90	[16?]	75	März 1876	Stanley
Bei Kayonsa	—	—	—	—	40	—	—	Februar 1892	Stuhlmann
„ Latoma	—	—	—	—	36,5	sehr tief	60	August 1894	Scott Elliot
„ Kavingo	1310	176,5	20	0,11	50-60	„	schnell	April 1891	Stuhlmann
„ der Nssungessi-Fähre	1265	25,0	45	1,8	115	3	90	Juli 1889	Stanley
„ Kitangule	1200	69,5	65	0,93	60-70	9-11	90-120	Febr.-April	Speke, Grant, Stanley, Stuhlmann, v. Trotha
Vor der Mündung	1180	113,5	20	0,17	80-100	10-12	reissend	Oktober 1892	Graf v. Schweinitz

der Fährstelle zu Kavingo beträgt nicht mehr als 20 m, es ergiebt sich somit ein Gefälle von nur 0,11 m auf 1 km. Beachtenswert ist dabei, dass die scharfe Umbiegung, mit welcher der Fluss den meridionalen Graben nach Osten verlässt, eine nennenswerte Niveauveränderung nicht verursacht.

Wesentlich anders gestalten sich die Verhältnisse auf der nur 22 km langen Stromstrecke zwischen Kavingo und der Nssungessi-Fähre, die zwischen ihren beiden Endpunkten einen Vertikal-Abstand von 45 m besitzt und ein Gefälle von 1,8 m auf 1 km aufweist. Der Kagera fliesst zuerst durch die breite Ebene von Iwanda und zwängt sich dann durch die seine Ufer einengenden Bergmassen von Karagwe und Süd-Mpororo; an dieser Stelle tritt jedenfalls eine grössere Niveauveränderung ein, vielleicht haben wir hierher die gefährlichen „Morongo" zu verlegen, von denen der alte Rumanika berichtete.[190]) Auch auf dem folgenden, etwa 70 km langen Abschnitt von der Nssungessi-Fähre bis Kitangule zeigt der Kagera in seinem Laufe die Charaktermerkmale eines Durchbruchsthales und bildet bei einem Gefälle von 0,93 m auf 1 km oberhalb von Kitangule eine Reihe von Katarakten, welche die Schiffbarkeit des Flusslaufes unterbrechen.[191])

. Während die Thätigkeit des Flusses von unterhalb Kavingo bis oberhalb Kitangule vornehmlich eine e r o d i e r e n d e war, wird sie nunmehr zu einer a u f s c h ü t t e n d e n; der Fluss tritt demnach erst an dieser Stelle in seinen Unterlauf ein und nicht, wie man bei oberflächlicher Betrachtung der Karte anzunehmen leicht geneigt wäre, bereits bei Latoma, wo er die grosse Richtungsveränderung vornimmt. Der Fluss verlässt das Bergland und durchschneidet nun die weite, leicht gewellte Ebene, die wir mit Stuhlmann[192]) und Scott Elliot[193]) als den trocken gelegten Boden

---

[190]) G r a n t. a. a. O. S. 166; S t a n l e y, Durch den dunklen Weltteil. I, S. 499.

[191]) L a n g h e l d. D. K. Bl. 1895. VI, S. 73.

[192]) S t u h l m a n, Mit Emin Pascha S. 220.

[193]) S c o t t E l l i o t, A Naturalist in Midafrica. S. 39—40.

eines westwärts vorgestreckten Seezipfels des Viktoria-Nyansa aufzufassen haben. In diesen Seearm hinaus hat der Kagera sein Delta gebaut und dasselbe bei allmählichem Sinken des Seespiegels nach Osten vorgeschoben. Gewaltige Alluvialmassen wurden von dem kräftigen Flusse fächerförmig über den Seeboden ausgebreitet, sodass die Ebene unterhalb Kitangule jetzt überall mit sanfter Böschung zum Flusse ansteigt.[194] In diese Erhöhung schnitt dann im weiteren Verlaufe seiner Entwicklung der Fluss seine Furche wieder ein; die zuerst 15—20 m hohen Steilufer werden nach der Mündung zu immer niedriger bis auf 3 und 2 m und zeigen, dass die negative Strandverschiebung in relativ jüngerer Zeit verhältnismässig rasch vor sich gegangen ist. Die Deltabildung in der Gegenwart wird durch einen starken, nördlich setzenden Strom im See erschwert, dennoch ist dem Fluss seit 1876, wo er nach der Darstellung Stanley's nur mit einheitlicher Rinne in den See mündete, der Bau eines Deltas geglückt, denn seine Ausmündung erfolgt nach Stuhlmann[195] jetzt in einem dreiarmigen Delta. Die Erwägung dieser Thatsache giebt leicht der Vermutung Raum, dass inzwischen ein weiteres Sinken des Seespiegels erfolgt ist, eine Hypothese, der leider der solide Grund exakter Pegelmessungen fehlt.

Obwohl dem Kagera nach Aufnahme des Ruvuvu grössere Nebenflüsse anscheinend nicht zufliessen, so vermehrt sich das Wasservolumen des Mittel- und Unterlaufes beständig, und auch der Wasserschub wird trotz des geringen Gefälles auf weiten Strecken stärker. Da Karagwe seiner ganzen Bodenkonfiguration nach dem Kagera nur wenige Zuflüsse zuführt, so müssen wir annehmen, dass der Fluss einen reichlichen Zuschlag von Westen her aus Ruanda erhält. Unsere Kenntnisse der hydrographischen Verhältnisse dieses weiten Gebietes sind noch sehr mangelhaft; was

[194] Grant, a. a. O. S. 192.; Persönliche Mitteilung des Herrn Dr. Fr. Stuhlmann an den Verf.
[195] Stuhlmann a. a. O. S. 168.

wir aber bis jetzt über das Land kennen gelernt haben, das
lässt auf einen ganz ausserordentlichen Wasserreichtum desselben
schliessen. Da aber Ruanda, wie bereits weiter oben ausgeführt,
westwärts ansteigt, so muss die Abwässerung fast ausschliesslich
zum Kagera erfolgen. Auch die Südabdachung des Ruampara-
Gebirges in Süd-Mpororo mag dem Fluss noch einige Zufuhr
bringen.

Eine Ausgleichung der Wasserführung üben in beträchtlichem
Masse die zahlreichen Seeen aus, die wir bei der Betrachtung
des meridionalen Mittellaufes kennen gelernt haben. Sie nehmen
während der Regenzeit den Überfluss der zu Thal stürzenden
Hochwasserflut in sich auf, speichern ihn auf und geben ihn dann
allmählich beim Sinken des Wasserspiegels im Flusse an den
Spender zurück. Ausser der Regulierung des Flusslaufes bewirken
sie ferner auch eine Klärung des Flusswassers, indem sie einen
beträchtlichen Teil des von den Fluten mitgeführten Detritus auf-
fangen und in ihren Becken zur Ablagerung bringen. Wenn der
Kagera trotzdem noch so viel Schwemmstoffe mit sich führt, dass
nach der Einmündung in den Viktoria-Nyansa das trübe Wasser
sich im See in einem nach Norden führenden Streifen verfolgen
lässt,[196] so liegt dies zumeist daran, dass der Fluss ein grösseres
Klärbecken nicht unmittelbar durchfliesst, sondern mit den seitlich
gelegenen Seeen nur in temporärer Verbindung steht.

Eine besondere Eigentümlichkeit des ganzen Stromsystems
lässt ein Blick auf die Karte sofort erkennen: die auffallende
Rechtwinklichkeit, in der Hauptstrom wie Nebenflüsse in ihrem
Laufe wiederholt geknickt sind, und ein Parallelismus der einzelnen Stromstrecken, eine Erscheinung, die an den Lauf der
pontischen Flüsse Kleinasiens vor allem an den des Sakaria
erinnert. Die nachstehende Zusammenstellung giebt einen Über-
blick, wie oft Nyavarongo-Kagera, Akanyaru und Ruvuvu ihre
Laufrichtung verändern:

---

[196] Stuhlmann, a. a. O. S. 144.

	Nord-Süd od. Süd-Nord	West-Ost
Nyavarongo-Kagera	3 mal	3 mal
Akanyaru	2 „	2 „
Ruvuvu	4 „	4 „

Den gleichen Gesetzen gehorchen auch die kleineren Zuflüsse, die fast durchweg in meridionaler oder östlicher bez. westlicher Richtung fliessen, so die rechtsseitigen Tributäre des Nyavarongo, die Zuflüsse des Kagera in der Landschaft Bugufi, die rechten Nebenflüsse des Ruvuvu in seinem Oberlauf, der Issamburu und die dem Ruvuvu von links zuströmenden Gewässer, die in ihrem Unterlauf fast sämtlich rechtwinklich umgeknickt sind, der Kakitumba und viele andere. Der Kagera hat in seinem Mittel- und Unterlauf die Gestalt einer Harfe, an der als Saiten die in meridionaler Richtung verlaufenden Thäler des Luenssinga-Urigi-Systems und des Ngono aufgespannt sind. Stromer v. Reichenbach glaubt die nordsüdlich verlaufenden Hauptthäler in Karagwe einfach durch die Richtung des Schichtstreichens erklären zu können.[197] Diese Deutung mag wohl für die Flussläufe oberhalb des Kagera-Falls zum grossen Teil zu Recht bestehen, wenn sich aus ihr auch nicht zwanglos die muldenförmigen Becken des Akanyaru herleiten lassen, für den Mittellauf des Kagera trifft sie jedenfalls nicht zu. Wir haben es hier, wie ich bereits weiter oben eingehender dargelegt habe, offenbar mit drei kleineren meridional verlaufenden Gräben zu thun, von denen der bedeutendste, der Kagera-Graben, mehrfach von Bruchspalten rechtwinklich gekreuzt wird. Die nördlichste derselben verursacht das plötzliche Umbiegen des Flusses bei Latoma; sie setzt sich westwärts im Thal des linksseitigen Tributärs des Kagera, des Kakitumba, fort. Längs dieser Spalte sind Schollen niedergesunken, die aber keinen einheitlich verlaufenden Grabenzug darstellen; es sind dies vor allem

---

[197] Stromer v. Reichenbach, Die Geologie der deutschen Schutzgebiete in Afrika. S. 65—66.

das vom Kagera durchströmte Iwanda-Becken und die vom Kakitumba entwässerte breite Senke zwischen Mpororo und Ruanda. Diese beide Hohlformen stellen alte Seeböden dar, die längst ausgetrocknet sind. Auch an vielen anderen Punkten, besonders jedoch in Karagwe finden sich zahlreiche Zeugen für eine fortschreitende Austrocknung des Stromgebietes, das einst eine viel bedeutendere Wasserbedeckung besessen haben muss. Viele Seeaugen sind bereits erblindet, andere grosse Wasserflächen wie der Urigi-See schrumpfen stetig weiter zusammen. Diese Erscheinungen drängen zur Annahme einer bedeutenden Veränderung in den klimatischen Verhältnissen Zentral-Afrikas.

Auf Grund der Untersuchungen von Gregory und Scott Elliot wissen wir heute, dass Kenia, Elgon und Runssoro in einer — geologisch gesprochen — wohl nicht zu weit zurückliegenden Zeit von einer gewaltigen Eiskalotte bedeckt gewesen sind, gegen welche die gegenwärtige Vergletscherung nur unbedeutend erscheint. Die heutigen Gletscherbildungen des Kenia enden bei 4700 m Seehöhe, die älteren Eiszungen müssen dagegen bis 3050 m herabgereicht haben, worauf die in dieser Höhe von Gregory beobachteten Moränen, Gletscherbecken und Rundhöcker mit Deutlichkeit hinweisen.[198]) Am Runssoro fand Scott Elliot in den U-förmig ausgeschliffenen Thälern Nyamwamba, Mubuku und Butagu, die in Gegensatz zu den V-förmigen, durch fliessendes Wasser erodierten Thälern Yeria, Msonje und Wimi stehen, Gletscherspuren in 1600 m Seehöhe, während die heutige Schneegrenze sich in mindestens 4600 m Höhe befindet.[199]) Eine ehemalige umfangreichere Vergletscherung des Kilimandjaro ist dagegen bis jetzt noch nicht bekannt geworden.

---

[198]) Gregory, Dr. J. W., Contributions to the Geology of British East Africa. I. The Glacial Geology of Mount Kenya. Quart. Journ. Geol. Soc. London. L. 1894. S. 515—530.
[199]) Elliot and Gregory, The Geology of Mount Ruwenzory and some adjoining regions of Equatorial Africa. — Quart. Journ. Geolog. Soc. London. LI. 1895. S. 675.

Ich kann hier nicht in eine Erörterung der noch offenen
Frage, ob ein grosser Teil von Zentral-Afrika vergletschert gewesen
oder ob, was das Wahrscheinlichste ist, nur die höchsten Berg-
gipfel eine im Verhältnis zur Gegenwart bedeutendere Eisbedeckung,
die weit über die heutige Gletschergrenze thalwärts reichte, besessen haben, eintreten. Viele Gletscherspuren sind sicher durch
die starke Verwitterung jener Breiten verwischt oder von üppiger
Tropenvegetation verdeckt worden, so dass ein genauer Nachweis
in der Gegenwart erschwert wird und das Auffinden deutlicher
Wahrzeichen nur unter besonders günstigen Verhältnissen möglich ist.

Es interessieren uns hier in erster Linie die Schlüsse, die
wir aus dieser Erscheinung auf die Klimaeigenart Zentral-Afrika's
in jener Zeit ziehen können. Gregory nimmt an, dass Zentral-Afrika
zur Zeit der grössten Eisbedeckung, die nach seiner Anschauung
eine partielle war und sich nur auf die bedeutendsten, damals noch
nicht so stark abgetragenen Gipfel erstreckte, im Gegensatz zur
Gegenwart ein Gebiet ständigen hohen Luftdrucks gewesen sei und
dass der Betrag des Niederschlags bedeutend grösser und jahreszeitlich gleichmässiger verteilt war als heute.[200] In dieser Zeit,
deren Dauer zu beurteilen uns alle Anhaltspunkte fehlen, müssen
sich infolge der starken Niederschläge, deren Betrag sich durch
das Schmelzwasser der grossen Gletscher vermehrte, alle Hohlformen Zentral-Afrika's mit Wasser gefüllt haben.

Nicht nur die bekannten grösseren, auch heute noch mächtigen
Seebecken besassen eine bedeutend umfangreichere Oberfläche und
griffen mit Armen und Buchten weit in das sie umgebende niedere
Land hinein, sondern alle durch Grabensenken oder Bruchspalten
entstandenen Hohlformen waren mit langgestreckten, schmalen Seebildungen erfüllt, die mehrfach, wenn es die Bodengestalt er-
möglichte, beim Steigen des Wasserspiegels durch Überlaufen über
den trennenden Riegel, miteinander in Verbindung traten. Eine
Erhöhung des Seespiegels des Viktoria-Nyansa um nur etwa 20 m

[200] Gregory, a. a. O. S. 530.

setzt den grössten Teil des Ngono-Thales und der Luenssinga-Urigi-Senke in unmittelbare Verbindung mit dem See und löst die Usiba-Scholle in ein Inselgebilde auf. Die Beobachtungen Scott Elliots über die Höhe der Alluvialablagerungen in Usoga und Kavirondo geben einen Anhaltepunkt dafür, dass der Viktoria-Nyansa in jener Epoche etwa 30 m über seinem gegenwärtigen Niveau gestanden hat.[201]

In dieser Periode starker Niederschläge und intensiver Wasserbedeckung bildeten sich jene ebenen Thalböden aus, die besonders in Karagwe auffallen. Der Regen führte den Verwitterungsschutt von den Berghängen zu Thal, wo er durch das Seewasser auf dem Grunde gleichmässig ausgebreitet wurde. Diesen Charakter zeigt u. a. auch die Sohle des meridionalen Kagera-Grabens recht deutlich und lässt so erkennen, dass dieses Thal seine Entstehung nicht der erodierenden Kraft des fliessenden Wassers verdankt, sondern in seinen Wesenszügen bereits vor der Entwickelung des gegenwärtigen Kagera-Flusssystems gebildet war.

Dieses selbst gelangte erst zu seiner Ausgestaltung, als am Ausgang der Eiszeit die starken Niederschläge sich abschwächten und eine bis auf die Gegenwart während Periode der Austrocknung einsetzte, deren Grund nicht allein in der Durchsägung des Ripon-Riffes durch den Somerset-Nil, sondern auch in klimatischen Schwankungen zu suchen ist.[202] Bei Beginn der gegenwärtigen Periode bildeten jedenfalls der untere Abschnitt des Oberlaufes des Kagera — vielleicht auch der Unterlauf des Ruvuvu, von kleineren Bildungen ganz abgesehen, — der Mittellauf bis Latoma, die jetzt vom Kakitumba entwässerte Senke und der Kessel von Iwanda eine Reihe von schlauchförmigen, in Terrassen über einander angeordneten Seeen, die mit einander durch schmale Rinnen —

---

[201] Scott Elliot, A Naturalist in Midafrica S. 39.

[202] Vergl. Penck, Einfluss des Klima's auf die Gestalt der Erdoberfläche. Sep. Abdr. aus „Verhdl. d. III. deutsch. Geographentages zu Frankfurt a. M. 8⁰ 15 S.

Stromschnellen oder Wasserfälle bildend — in Verbindung standen und durch das Durchbruchsthal unterhalb Kavingo in den westlichen Arm des Viktoria-Nyansa oberhalb Kitangule abwässerten. Ein Sinken des Seespiegels im Nyansa verursachte zunächst eine besonders starke Erosion auf der letztgenannten Strecke, da hier an der tiefsten Stelle des ganzen Systems die grösste Wassermenge mit der stärksten Kraft arbeiten konnte. Bei einer fortschreitenden Herabminderung des Wasserstandes in den verschiedenen Seebecken musste die Erosionskraft, die auf die Ausfeilung der einzelnen oberen Verbindungsstrecken zwischen den Seeen einwirkte, sich verstärken, da das Gefälle grösser wurde, bis schliesslich die in den Becken aufgestauten Gewässer völlig zum Abfliessen gebracht wurden und der Fluss sein Bett in den ebenen Thalboden der Seeenreihe einzuschneiden begann. Da die höher gelegenen Seeen zuerst zum Ablaufen kommen mussten, so hat sich an ihrem Ausgange infolge der verminderten Erosionskraft die Thalstufe, über die der Kagera noch jetzt in einem Wasserfall niederrauscht, am besten erhalten, während eine länger währende Erosion die Thalsperren des Unterlaufes gründlicher zu beseitigen vermochte.

Im Mittellaufe blieben in den tieferen Stellen zahlreiche Restseeen zurück, und bei dem nur geringen Gefälle auf dieser Strecke kam der Fluss nicht so schnell zur Bildung einer deutlichen Stromrinne, sondern warf sich auf der flachen, sanft geneigten Grabensohle mehrfach hin und her, verliess sein altes Bett, um sich mit der nächsten Hochwasserflut einen neuen Weg zu suchen, bis er schliesslich sein gegenwärtiges Bett eintiefte.

Das Versiegen der Niederschläge und das Sinken des Seespiegels im Viktoria-Nyansa muss verhältnismässig schnell vor sich gegangen sein, jedenfalls so rasch, dass die Erosion nicht in allen Teilen des Stromgebietes gleichen Schritt mit der Austrocknung halten konnte. So wurden trotz eines nur geringen Niveauunterschiedes verschiedene Seebecken abgeschnürt und der allmählichen Versalzung oder schliesslich sogar der völligen Austrocknung anheimgegeben: so der Urigi-See, dessen temporärer Abfluss zum Luenssinga-See zweifelhaft, für die jüngste Zeit aus oben angeführten Gründen sogar unwahrscheinlich ist, der Ikimba-See, der jetzt nur durch eine schmale, niedrige Terrainwelle vom Flusslauf des Ngono getrennt ist, der Mohasi-See, der, falls er nicht ganz abflusslos ist, doch vielleicht nur gelegentlich bei bevorzugt hohem Wasserstande zum Kagera entwässert, und zahlreiche andere kleinere Seeenrudimente.

Die Austrocknung des Gebietes schreitet auch in der Gegenwart weiter fort. Ein gutes Beispiel hierfür bietet der Urigi-See. In Kaze berichtete der Häuptling an Speke, dass der Urigi früher eine riesige Fläche eingenommen und sich südwärts bis Uhha erstreckt habe, aber seit dem Tode des Königs Dagara sei der See gewaltig zusammengeschrumpft. Auch der bejahrte Häuptling von Khonse erzählte dem Reisenden, dass er sich noch sehr wohl der Zeit entsinnen könne, wo man im Boote bis nach Vigura (im Süden des Sees) hätte fahren können und wo Fische und Krokodile vom Kitangule (Kagera) heraufgekommen seien.[203] Immerhin stellen Speke und Stanley den Urigi-See noch als einen stattlichen See dar, während ihn Herrmann, wie erwähnt, als ein elendes Gewässer bezeichnet.

Diese Naturerscheinung der fortschreitenden Austrocknung, die sich in analoger Weise auch jüngst am Rikwa-See[204] gezeigt hat, gelangt auch in den religiösen Anschauungen der Eingeborenen zum Ausdruck und wird von diesen dem Walten eines bösen Geistes zugeschrieben. So verhinderten die Eingeborenen Speke am Ruanyana-See Enten zu schiessen, da der Geist des Sees dadurch aufgeregt werde und der See austrocknen würde.[205] Ebenso gestatteten die Fährleute von Ndongo den Reisenden nicht,

[203] Speke, a. a. O. S. 197 u. 199.
[204] Über die Ausdehnung des Rukwa-Sees. D. Kol. Bl. 1898. IX. 169—170. — Ramsay, Seine Expeditonen nach Ruanda und dem Rikwa-See. Verhd. Ges. f. Erdk. Berlin, 1898. S. 323.
[205] Speke, a. a. O. S. 220.

bei der Überfahrt die Schuhe an den Füssen zu behalten; denn der Flussgeist werde dadurch beleidigt, das Kanu würde umschlagen oder der Fluss austrocknen.[206]) Auch Grant wird deshalb verboten, im Fluss zu loten oder Steine hineinzuwerfen.[207]) Die Austrocknungsvorgänge in der jüngsten Vergangenheit müssen sehr auffällige gewesen sein, um einen so tiefen Eindruck auf das Gemüt der Eingeborenen zu machen, die nunmehr alles vermieden, was das Schicksal reizen konnte.

Fassen wir unsere Betrachtung über den Kagera-Nil zusammen, so sehen wir in ihm einen schönen, stattlichen Fluss, der die Charakterzüge einer noch jungen Bildung zeigt und die Merkmale eines unfertigen, noch nicht in sich ausgeglichenen hydrographischen Systems aufweist. Ein weiterer Fortschritt des Austrocknungs-prozesses in Zentral-Afrika wird am Kagera nicht spurlos vorüber-gehen, sondern seine weitere Ausgestaltung nachhaltig beeinflussen. Sollte dermaleinst unter dem Einfluss dieser Verhältnisse der Spiegel des Viktoria-Nyansa so tief sinken, dass die Verbindung der Gesamtwasserfläche gelöst und diese in einen Schwarm kleinerer Seekörper geteilt würde, dann würde dem Kagera als dem weitaus bedeutendsten und wasserreichsten Tributär des Sees die Aufgabe zufallen, alle übrigen Zuflüsse in sich zu sammeln und dem Nil zuzuführen. Dann würde auch sein Charakter als wahrer Quellfluss des Nil am deutlichsten zu Tage treten.

Als Träger des Verkehrs dürfte der Fluss wegen der Strom-schnellen in seinem Bett und der Barren vor seinen Mündungen wohl kaum von grosser Bedeutung werden, dagegen ist der Kagera-Nil auf weite Strecken vorzüglich geeignet zur Bewässerung seiner aus prächtigem, dunkelem Alluvialboden aufgebauten Ufer, die im Stande sein werden, mit dem Pharaonenlande an Fruchtbarkeit zu wetteifern und ein zweites Ägypten am Oberlaufe des Nil entstehen zu lassen.

---

[206]) Speke, a. a. O. S. 262.
[207]) Grant, a. a. O. S. 193.

.

Druck von Rudolf Gerstäcker in Leipzig.

Vita.

Natus sum Rudolfus Fitzner Costrinae die III. mens. Oct. a. h. s. LXIV, patre Friderico, matre Adelheid, e gente Weniger, quam mortuam deploro. Fidei addictus sum evangelicae. Litterarum elementis imbutus gymnasia Costrinae, Quedlinburgiae et Gorliciae frequentavi et Halis Saxonum atque Berolini geographicis, ethnographicis, geologicisque studiis incubui.

Docuerunt me viri doctissimi atque illustrissimi: Bastian, Brandes, Dames(†), Frech, de Fritsch, Grenacher, Kirchhoff, Luedecke, de Luschan, de Richthofen, Schenck, Ule, Vaihinger. Omnibus de me optime meritis viris gratias ago quam maximas; imprimis vero Kirchhoff, quem summa cum benevolentia studiis meis favisse pio animo confiteor. Cuius ex consiliis et familiaritate uberrimum semper fructum percepi.

Thesen:

1. Das süsse Wasser des Tsâde bedingt die Annahme eines Abflusses für das anscheinend abflusslose Binnenbecken.

2. Der blonde Typus der Berber ist nicht auf eine Vermischung mit den Vandalen zurückzuführen, sondern weist auf einen älteren ethnischen Einschlag hin.

3. Für die graphische Darstellung des Reliefs der Lithosphäre ist die allgemein übliche Art der Kartenzeichnung in Isohypsen und Isobathen durchaus unzulänglich; ein klares Bild kann nur durch Elimination der Hydrosphäre gewonnen werden.

www.ingramcontent.com/pod-product-compliance
Lightning Source LLC
Chambersburg PA
CBHW031444270326

41930CB00007B/859